PHYSIOLOGIE

DES

CAFÉS DE PARIS.

Illustrations de Porret.

PARIS.

DESLOGES, LIBRAIRE-ÉDITEUR,

39, rue Saint-André-des-Arts.

1841

PHYSIOLOGIE

DES

CAFÉS DE PARIS.

Imprimerie de Mme DE LACOMBE,
12, rue d'Enghien.

PHYSIOLOGIE

DES

CAFÉS DE PARIS.

Illustrations de Porret.

PARIS.

DESLOGES, éditeur d'ouvrages d'Arts et de Sciences,
, rue Saint-André-des-Arts.

1841.

NOUVEAU SYSTÈME

PHILOSOPHIQUE.

❦

On s'accorde assez généralement à dire que nous agissons conformément à nos idées, et que ces idées elles-mêmes n'étant que des *effets*, si l'on peut parvenir à en connaître et modifier la cause, on modifiera du même coup idées et actions.

L'histoire, la politique, la religion et les gardes municipaux, qui sont œuvres de perfectionnement ou de quiétude, ont donc à s'occuper de trois choses : des actions qui ne sont presque rien, des idées qui sont un peu plus, et des causes des idées qui sont tout.

Toujours on a compris cela, et depuis le premier philosophe que Satan créa et mit au monde, on n'a pas cessé de crier, de s'arracher les cheveux et d'écrire des in-folio sur la grande question de l'origine des idées, question loin d'être résolue pourtant, et qui reste encore en suspens devant le tribuual omnipotent de Messieurs de l'Eclectisme.

Or, n'est-il pas vrai, ami lecteur, que quand vous sortez de chez Véry, que vous avez parfaitement dîné et sablé à l'unisson le champagne frappé, vous voyez tout en beau, tout en bien ; vous vous sentez capable d'aimer jusqu'à votre portier ?... Idée du beau, idée du bien, idée de l'amour, etc., et *vice versâ*, si vous êtes à jeun depuis cinq jours.

N'est-il pas également manifeste que la digestion fait le révolutionnaire, ou le pacifique quand même, le voleur ou l'honnête homme, le classique ou le romantique et le reste; comme le dit implicitement le plus sage de tous les proverbes : Ventre affamé n'a point d'oreilles ! ou l'axiôme encore plus vrai de Brillat-Savarin : Dis-moi ce que tu manges, je te dirai qui tu es !

D'où viennent donc alors nos idées ? Des sens ? de la réflexion ? du cerveau ? niaiserie ! Nos idées viennent de l'estomac, comme Cabanis l'a probablement entrevu quand il a dit : Le cerveau digère la pensée. Achevons et disons sans aucune espèce de métaphore : l'estomac digère la pensée, et voilà mon système et ma

PRÉFACE ;

voilà pourquoi aussi M. Brillat-Savarin, historien de l'estomac, me paraît mériter lui seul le nom d'historien, usurpé par un tas de Maroufles, misérables compilateurs de niaises actions; — voilà sans doute pourquoi on a dit que nous n'avions pas une histoire passable; — voilà pourquoi tout va mal; voilà pourquoi on a été obligé d'inventer la garde municipale; — voilà pourquoi enfin nous entreprenons le présent volume; car si l'on reconnaît l'influence du manger, il est impossible de nier celle du boire.

Salut.

Epicuri de grege porcus.

LES EFFETS ET LES CAUSES.

Felix qui potuit rerum cognoscere causas.

Le temps use et l'homme abuse, et si vous me demandiez, Monsieur, lequel détruit le mieux, je vous répondrais : c'est l'homme. — Architecture, poésie, religion, monarchie, etc., l'homme a tout détruit... Il est vrai, qu'en revanche, il a inventé le daguéréotype, le gaz, la vapeur, la garde nationale, etc., pour correspondre et succéder à chacune de ces démolitions. Aussi, pour ma part, je lui pardonne de bien bon cœur toutes ces espiégleries; mais avoir détruit cette brave et philanthropique coutume des *liens d'hospitalité*, c'est ce dont je lui garderai rancune toute ma vie, — pourvu que j'aie faim toute ma vie.

Ah ! lecteur, comme c'était le bon temps alors !.. On n'avait pas besoin de se charger de *vil métal*; vous n'aviez dans vos poches que vos deux mains, — je ne sais pas même si vous aviez des poches à cette épo-

que-là, et vous trouviez partout porte ou-
verte, bon gîte et repas à l'avenant !........
*« Une jeune fille, armée d'une riche aiguière
d'or, vous versait sur les mains une eau par-
fummée qui retombait dans un vase d'argent,
tandis que ses compagnes dressaient une table devant vous, et, d'une main empressée,
vous servaient les mets délicats confiés à leur
garde »* .... Ah ! lecteur, lecteur sensi-
ble, vous ne l'avez pas oublié ! vous n'avez
pas oublié ces beaux vers d'Homère ! —
Odyssée, ch. VII, v. 174.

Mais aussi vous comprenez que celui qui
serait venu mettre alors à sa porte un che-
val blanc ou rouge, — eût-il été peint par
un Gros ou un Géricaud, — ou simplement
une modeste branche de pin, et offrir à
l'intérieur des dîners *à tant par tête*, vous
comprenez que ce misérable-là eût été en
abomination au pays jusqu'à la dernière
génération, — traité d'insensé par les philosophes, — d'athée par les prêtres, — ap-
préhendé au corps par les sergents de ville

de l'époque, et condamné à l'unanimité
pour attentat aux mœurs.

Mais chaque chose a son temps, — *les
plus belles choses ont le pire destin*, comme
bien vous savez, — et ces vertueux hôtes
nos pères, ne tarderont pas à reconnaître
l'abus du principe ; aucun d'eux n'y trouvait son compte, tous y perdaient, qui son
argent, qui sa fille, qui ses vins, qui sa
femme ; plus d'une fois même un seigneur
ambitieux s'était introduit de la sorte dans
le château voisin pour en examiner la partie faible avant d'en commencer l'attaque,
et puis.... vous avez vu jouer *Hernani*, le
noble drame.

Somme toute, chacun ferma sa porte et
fit bien ; et les honorables voyageurs, qui,
pèlerins, chevaliers-errans ou poètes, ne
voyageaient guère que pour dîner mieux,
ou pour dîner tout simplement, crièrent un
peu à l'abomination, et finirent toutefois
par se taire et passer outre, non cependant
sans invoquer encore une fois sur les égoïs-

tes la vengeance de toutes les lois divines
et humaines.

Or, — en vérité je vous le dis, — ce fut
véritablement là la plus rude atteinte portée à toute chevalerie errante qui s'en alla
dès lors ennuyée, incertaine, flottante jusqu'à ce que Michel Cervantes lui fournît
un prétexte d'abdiquer... Quant aux péle-
rins, en désespoir de cause, ils se firent
moines, mais ne perdirent point au change;
et les poètes s'assirent tristement sur le
bord du chemin à composer de très lamen-
tables élégies sur la dépravation des hommes et la fin évidente d'un monde où l'on
ne trouvait plus à dîner.

Mais voilà que tout-à-coup, muettes et
sans bruit s'élevèrent de petites maisons
fraîches et souriantes, ornées de gigots et
de verres dessinés et coloriés sur le revers
du volet, avec cette inscription — bien ti-
mide encore :

Ici on DONNE *à boire et à manger,*
tant on craignait de rompre en visière tout

d'un coup aux vieilles douleurs, et de re-
veiller les vieux estomacs mal endormis....

Néanmoins, le premier pas était fait, et
jamais révolution plus grande ne s'effectua
de par le monde; de là, en effet, naquirent
les turbulences et les crimes pour manger,
l'insolence des seigneurs, la soumission af-
famée des vassaux, les révoltes du peuple,
les républiques et la chute des trônes;
pourtant je ne sache pas qu'aucun de ceux
qui repondent au nom d'historien en ait
parlé avant moi !... Hommes ambitieux et
superficiels... je vous renvoie à ma pré-
face, — à ma philosophie de l'estomac.

Tacite, Valère-Maxime, Velléius Patercu-
lus et M. Durozoir, nous apprennent qu'Oc-
tave, pour dissimuler son usurpation et ne
point trop effaroucher ces pauvres bons
Romains, cacha ses vues et sa puissance
sous le simple et vieux titre d'*imperator*.—
Par la même politique, les HOTELLERIES
conservèrent leur nom philanthropique,—
ce qui prouve victorieusement que chan-

gez le mot, vous avez déjà changé la chose,
— et s'établirent primitivement sur les
grand'routes réfectoires solitaires et oppor-
tuns. Mais la décadence fatale de l'hospitalité gratuite avait admirablement dimi-
nué le nombre des voyageurs, et ceux qui
se permettaient encore ce luxe, préféraient
frapper à la porte de quelque couvent, où
les frères lais leur faisaient une part modeste de leur brouet clair et de leurs pois
cuits sous la cendre, — leur nourriture
de réception.

Ce que voyant les pauvres restaurateurs,
ils plièrent incontinent armes et batteries
et envahirent les villes comme une nuée
de canards sauvages ou de grues homéri-
ques.

Plus tard, il est vrai, ils revinrent sur
les routes; mais ce ne fut qu'après que les
couvents eurent eux-mêmes passé de
mode, et alors Mercure sait comme ils ran-
çonnèrent les infortunés voyageurs, jusqu'à ce qu'enfin l'immortel.... je ne sais

qui, inventa les véloces diligences; puis les diligences se mirent à voyager de nuit, et la nuit l'appétit est si peu ouvert, que la malheureuse nappe fût demeurée sans taches jusqu'au jugement dernier, si seulement elle l'avait été une fois dans sa vie, — l'éternel rôti reparaissait jusqu'à dix fois, et les pauvres volailles, tournant et retournant incessamment sur la broche, imploraient, mais en vain, grâce pour leurs squelettes de carbone ! Mais ce n'était rien encore; ce qui devait ruiner, à tout jamais, ces détrousseurs de grand chemin, c'étaient ces rêves monstrueux, cauchemars fantastiques qu'on appelle.... voitures à vapeur, et qui passent rapides comme le vent, — avec leur gros rire bête, sous le nez des hôteliers stupéfaits.... la serviette sur le bras.

Pauvres diables, qu'allez-vous devenir, maintenant qu'on va faire le tour du monde avant que l'aiguille n'ait fait celui du cadran ?... Heureusement que ces estimables

machines ont assez fréquemment la politesse d'éclater devant votre porte et de
vous jeter leurs membres et leurs voyageurs à la tête !..

Quant à ceux qui étaient sagement de-
meurés dans les villes, ils pourvurent abon-
damment à leur subsistance propre et à la
subsistance d'autrui, et purent, tout à leur
aise, se diviser en fractions incalculables,—
sous les deux espèces du pain et du vin.

Voici bientôt surgir hôtels, tables d'hôte,
auberges, tavernes, cabarets, restaurants,
estaminets, et enfin, au dix-septième siècle, trois cafés, sous le patronage de Pas-
cal d'Arménie, d'Etienne d'Alep et de Procope de Florence, — trois grands noms,
Messieurs, et devant lesquels tout ce qui
a cœur et intelligence se doit prosterner.

La réaction néanmoins avait été si
prompte, l'invasion si vandalique, que les
esprits en furent long-temps dans la stu-
peur, et personne ne se hasardait à mettre
le pied dans ces lieux, — temples de Bac-

chus, — qu'on n'osait pas même appeler de leur vrai nom.

Mais parmi les créatures du bon Dieu, il y a trois espèces de gens qui n'ont peur de rien et encore moins de l'*opinion* : les soldats, les ivrognes et les philosophes. Ce furent eux, en effet, qui donnèrent l'élan, et dès lors les joyeuses maisons retentirent du matin au soir et du soir au matin de cantiques plus ou moins religieux, plus ou moins philosophiques, mais qui, en revanche, exprimaient la joie la plus vraie qui soit sous les cieux.

Puis maint duc, maint haut baron, accablé de titres et d'ennui, fut vu passant profondément désœuvré devant un de ces joyeux sanctuaires, et jetant à la dérobée un regard d'envie sur *cette canaille* un million de fois plus heureuse que lui;

Puis viennent les hautes dames et demoiselles abandonnées qui s'ennuyaient noblement, selon l'usage antique et solennel, à caresser leurs levrettes aussi ennuyées

qu'elles ; car plus n'étaient de beaux da-
moiseaux à la blonde chevelure pour ra-
conter de délicieuses nouvelles des indomp-
tables chevaliers, ou lire les tant admirables
contes de la reine de Navarre.... beaux da-
moiseaux à la chevelure blonde aimaient
mieux le joyeux Bourgogne ou l'indompta-
ble Champagne ;

Et puis enfin, le cabaret devint une république, république sans mensonges et
sans faux-semblans ; l'égalité devant le café
régna partout, et la noblesse de la plus
vieille souche put s'enivrer sans scandale
à côté du manant et du poète d'hier, et peu
à peu les dames elles-mêmes envahirent
tous les cafés ; restent toutefois les estaminets, voire même les divans, où le beau
séxe (vieux style) n'ait pas encore pénétré ;
mais patience,

Maneat nostros ea cura nepotes.

D'ailleurs, les femmes-poètes, ce milieu
hermaphrodyte entre l'homme et la femme,

ont déjà commencé le grand œuvre de l'émancipation universelle.

Or, qui donc avait amené cela ? Ce n'est pas l'école sensualiste à laquelle on a attribué aussi l'honneur de notre magnifique révolution de 1789; c'est le café, le café seul qui a éclairé les esprits, opéré la fusion des castes, et provoqué la plus énergique manifestation de la volonté populaire ! — Je vous laisse avec ces pensées.

Différence qu'il y a entre Cabaret et Taverne.

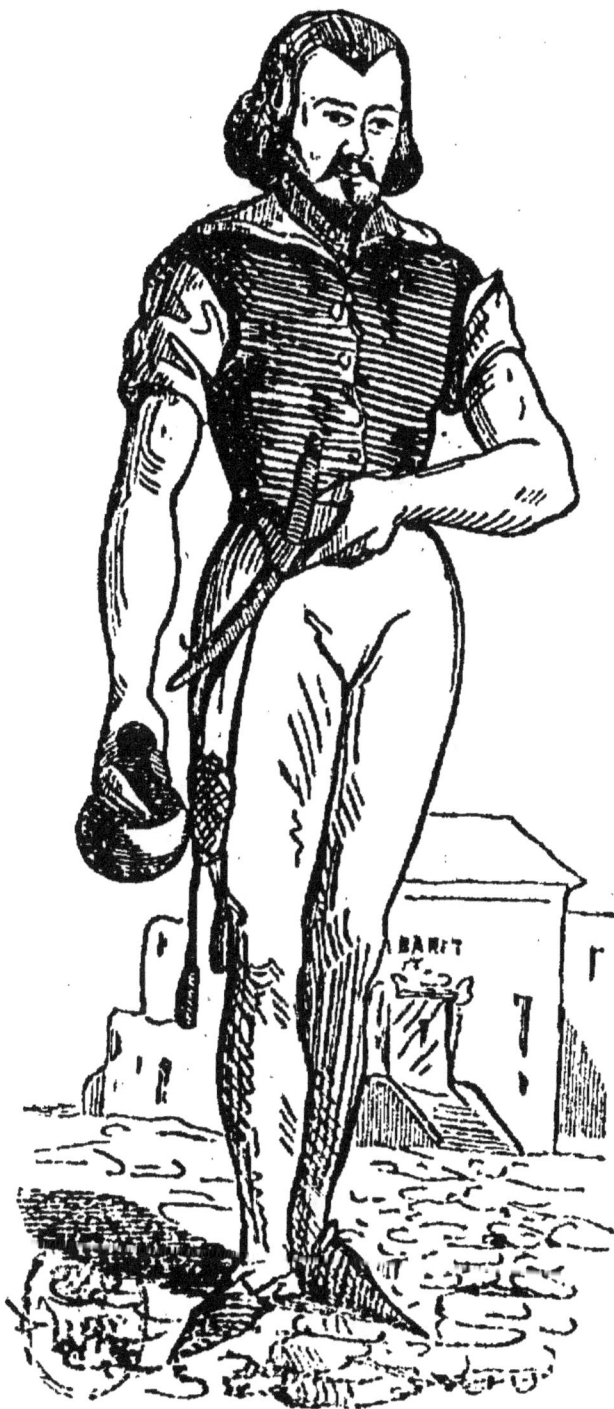

AVANT de parler de ce qui est, parlons un peu de ce qui a été.

Qui de vous, lecteur, n'a prononcé au moins une fois dans sa vie les mots de cabaret et de taverne? Qui ne l'a écrit soit dans un feuilleton, soit dans un in-8°? et cependant, combien peu en connaissent le vrai sens et la véritable différence.

Nous, donc, qui avons fait sur cette terrible matière des

études approfondies, nous sommes tenus de vous le dire.

Un cabaret était un endroit où l'on ne pouvait vendre que du vin à huis coupé et pot renversé, tandis qu'à la taverne, le débit se faisait à l'assiette.

Vous comprenez, j'espère !

Un cabaret, dis-je, était une espèce de niche sombre barricadée par un huis ou porte de treillis, dans lequel on ménageait une étroite ouverture; par cette ouverture, on débitait le vin aux bourgeois à peu près de la même façon qu'on nous débite aujourd'hui les billets de spectacle, puis, on renversait bravement le pot ou la cruche vide.... et le mystère était accompli.

Quant au débit à l'assiette, cela veut dire tout simplement qu'il était permis aux taverniers de donner à manger à ceux qui venaient boire et que l'assiette pouvait légitimement frayer avec la bouteille.

Au reste, je vous ferai observer que cette agréable distinction n'est pas d'hier;

les Grecs appelaient Ταϐερναί, et les Romains Tabernœ, les lieux où l'on vendait
du vin, et Κοπέ et Popinœ ceux où l'on
donnait à manger; mais dès long-temps,
il n'en est plus de même, et les cabaretiers
débitent le vin à pot ou à assiette, pour peu
qu'ils aient l'attention délicate d'en payer
les droits.

Tandis que Mazarin régnait en France et
continuait la dynastie de Richelieu et de
Charles Martel, il y avait à l'extrémité des
Tuileries un cabaret de médiocre apparence, mais le plus célèbre de tous, grâce
aux incessantes querelles *de la paille et du
papier,* — les Frondeurs et les Mazarins :
— le cabaret de Renard. C'est là qu'eut
lieu la fameuse dispute des ducs de Beaufort et de Candale. — Candale avait promis
qu'il donnerait une leçon à Beaufort; —
Beaufort jura que ce serait lui qui la donnerait à Candale. Or, un jour que ce dernier était à table audit cabaret, et s'épa-
nouissait déjà à la mousse chatoyante du

Champagne, Beaufort entre, marche droit
à lui, saisit la nappe à deux mains, et plats,
bouteilles, verres, assiettes et Champagne
de rouler pêle-mêle sur le plancher, Beaufort de haranguer, Candale de tirer son
épée, Beaufort de tirer la sienne, et Candale de tomber avec trois pouces d'acier
parfaitement trempé dans la poitrine....
Toujours les battus paient l'amende.

Il y a aussi au fond du faubourg Saint-
Marceau une espèce de taverne beaucoup
trop curieuse, pour que nous la passions
sous silence. Là bout incessamment une
grande chaudière pleine d'un liquide verdâtre où nagent des morceaux de viande
de différentes grosseurs. Le consommateur
a droit d'y plonger rapidement une fois
pour ses dix centimes une grande fourchette de fer, tant mieux pour lui s'il rap-
porte un bon morceau ; si un mauvais,
tant pis. Son talent consiste seulement à ne
pas pourfendre trop rapidement, de peur
de disséminer la viande bouillie. — Un

jour, un brave chiffonnier d'Auvergne déposa gaîment ses deux sous dans la main de l'hôtesse, et saisit la fourchette avec une anxiété visible; — le fond de la chaudière a rendu un son argentin, le morceau est percé de part en part, il est lourd, le chiffonnier est aux anges. — Il tire.... ô fatalité! — Ce morceau, ce gros morceau, cet excellent morceau, ce morceau qui lui promettait un déjeûner si succulent.... Voyez à quoi tient le bonheur des hommes et des chiffonniers, et comme le destin se joue des uns et des autres!... Ce morceau, qui délectait d'avance son odorat d'Auvergnat, hélas! c'était.... ce n'était pas une tranche de mouton, ce n'était pas même un morceau de bœuf..... encore, si c'eût été quelque chose qui se pût manger!... Non, c'était... c'était une savate, une savate la plus savate qui ait jamais traîné sous le pied d'un voyou. — Qué que ch'est que chà? exclama le brave homme consterné. — Oh! mon Dieu, mon Dieu, que je suis contente, c'est la savate de mon petit Piarot qui l'avait perdue depuis le matin. — Chavatte tant que vous voudrez, répondit l'Auvergnat, en riant largement; madame, cha n'est pas de la chouppe, hé! hé! rendez-moi un autre morcheau, hé! hé!

Pour cette fois, le règlement fut violé, et il fut octroyé au brave homme de tenter de nouveau la fortune, mais la chronique ne dit pas ce qu'il retira.

Je vous parlerais volontiers du salon des Gueux à Vaugirard; mais, après ce qui précède, vous voudrez bien m'excuser, lecteur, et me permettre d'en faire grâce aussi bien à vous qu'à moi.

LE MARCHAND DE VIN.

Son affabilité et son irascibilité, suivant qu'il règne
intrà ou extrà-muros (muros n'a pas encore de sens.)

———(⊙)———

Vous êtes provincial, —pardon, honnête
lecteur, ce n'est qu'une innocente suppo-
sition, — vous arrivez à Paris par la barrière du Maine ou la barrière Saint-Martin,
et pour peu que vous ayez cru et multiplié
dans le giron de la bienheureuse Sainte-
Menehould ou bien sous l'aile protectrice
du bienheureux Saint-Corentin, je vous
défie de faire trois pas en avant sans vous
écrier dans votre for intérieur.

Si vous êtes un peu poète : — Paris est
une ville lettrée, savante, le centre des
arts, de la littérature, etc., etc.

Si vous êtes un peu négociant en vins ou
en bœufs : —Paris est la ville des vaude-
villes qui font rire, de la gaudriole, des
journalistes spirituels, etc., etc.

Pauvre Paris, ce n'est pas la première
fois que tu es trahi par tes faubourgs... ce
n'est pas la dernière, n'est-ce pas, ô belliqueuse enceinte continue?...

Il semble, en effet, que tout l'esprit qui
suffirait pour approvisionner Paris pendant
un an se soit rué sur la barrière comme
une douane destinée à épouvanter ces braves beaux esprits de leur endroit qui viennent chez nous chercher un cadre plus
large à leurs énormes saillies.

Or, parmi les facétieux en deçà et au-
delà des boulevarts extérieurs, le marchand
de vin ne reste pas assurément en frais de
gentillesses; disons mieux, c'est toujours à
ses enseignes que le tourlourou est redevable de sa plus grande dilatation de rate.

' Ah! que n'avons-nous plus de temps
vous et moi, lecteur, vous pour lire, moi
pour écrire ici le catalogue des nombreu-
ses inscriptions que j'ai recueillies avec
tant de soin; je suis convaincu que cela
vous ferait infiniment plus de plaisir que

si, comme l'illustre M. Champollion, je
vous montrais une cartouche bariolée d'i-
bis, de soleils et de crocodiles, — ce qui
veut dire tout bêtement que le crocodile
aime à croquer les ibis et que le soleil tient
la chandelle, n'en déplaise au perspicace
préopinant, qui soutient y voir la persécu-
tion des Israélites par Ramsès ou Ramès-
sès, et vingt autres jolies choses non moins
curieuses.

Au reste, entrez, l'intérieur n'est pas in-
digne de l'extérieur; le maître du logis
s'avance vers vous d'un air souriant, pin-
çant la bouche comme *la queue* d'une épi-
gramme, et si vous êtes un *bon*, il vous
serre la main cependant que sa digne moitié minaude agréablement sous un bonnet
à barbes fabuleuses.

C'est là que se réunissent invariablement le marchand de pommes, le marchand de salade, le charretier, le roulier,
personnages respectables et respectés, qui
toutefois cèdent toujours le haut bout à

l'habit vert et aux boutons argentés du sé-
millant douanier.

Mais le plus beau, le plus envié de tous
est sans contredit le conducteur de cou-
cou... bien différent des innombrables indi-
vidus auxquels le fatal oiseau a donné son
nom. Gai, souriant, épanoui, prestolet, lé-
ger même malgré sa masse et son carrick,
mais surtout conteur aimable, il a toujours à narrer quelque nouvelle nouvelle,
dont la scène se passe entre les quatre pa-
rois jaunes de sa voiture; il a toujours le
mot pour rire, et en entrant, dépose perpétuellement entre les mains de l'hôtesse
son cœur et son carrick, que celle-ci se fait
un vrai plaisir d'accrocher à la muraille,—
nous parlons du carrick.

C'est là qu'il faut aller, ô psychologues,
mes frères, pour voir à quel point l'habitude tyrannise ce que vous et moi sommes
convenus d'appeler les hommes ; voyez
comme ces pauvres gens se délectent le
cœur, se gargarisent la gorge, font clape-

ter gaîment leur langue à boire ce quelque
chose de violet qui ferait sauter les dents
au plus féroce de nos lions... pauvres lions
qui se croient de bonne foi bien terribles,
parce qu'ils ont au menton une forêt de
poils vierges plus ou moins roux! Et pourtant, ces pauvres gens-là sont heureux avec
leurs six sous de piquette autant et plus
que nous avec six francs de Madère. Con-
cluez, Messieurs, et plaignez-vous encore
de la fortune!... Je ne dirai pas avec Rousseau, non pas que je ne le croie, que le
mortel qui pense est un animal perverti ;
mais je dirai que celui qui se plaint, en
prose, en vers, n'importe, est le plus grand
misérable que je sache.

Une fois que le marchand de vin a fait
ce qu'il appelle *son magot*, il met *sa boutique* à louer, prend sa femme sous le bras,
son fieu par la main, et pareil à Énée, s'en
vient majestueusement s'établir à Paris;

Pone subit conjux : dextrœ se parvus Julus.
Implicuit, sequitur que patrem non passibus
œquis.

heureux s'il peut attraper quelque coin de rue, qu'il baptisera le *bon coin*, et s'adjoindre un débit de tabac ; c'est là le *post laborem*, le rêve doré du pauvre homme.

Mais dès l'instant qu'il a dit adieu à la barrière, il prend immédiatement un air magnanime ; il abandonne le *particulier* et se lance hardiment dans le *général*, ce n'est plus Pierre, marchand de vin, c'est commerce de vins ; il traite ses pratiques de *Messieurs*, ménage magistralement ses poignées de main, et fait appeler la garde quand des doigts trop hardis s'avisent de vouloir sentir si son épouse a des glandes sous le menton.

Quand, enfin, ladite épouse commence à se rider, — semblable au fruit qui atteste que la rose a vécu, il la prend par la main avec une tendre sollicitude, lui déclare hypocritement qu'il est temps qu'elle se repose, et sans la laisser repondre, l'enferme comme Pénélope dans son gynécée.

Au reste, la brave dame y consent d'assez bon cœur, et non moins débonnaire que la vieille Sarah, elle permet à son Abraham de prendre une jeune Agar... pour le commerce du vin, s'entend.

Ici la fortune du marchand de vins fait des progrès énormes, grâce à la jeune et jolie débitante qu'il s'est associée, et qui distribue gratuitement dix œillades pour un verre de *doux* et cinq pour un verre de *rude*, mais cependant, avec certaines modifications d'intensité eu égard à la qualité du personnage; par exemple, le cocher de fiacre et le marchand d'habits ont les deux yeux tout entiers, tandis que le pauvre chiffonnier n'a que le quart d'un œil et le dernier pincement de lèvres qui puisse encore s'appeler décemment un sourire. Mais peu lui importe, son gentil petit verre a pour lui assez de sourire et d'aussi doux yeux que la cassette d'Harpagon, et un gros soupir vous annonce bientôt que son larynx a fini d'absorber ses *dix* centimes d'alcool étendu d'eau.

A quoi sert le Marchand de Vin?

———— ⚜ ————

A quoi sert le marchand de vin? Autant vaudrait demander à quoi sert l'épicier. — Dieu me garde, et M. Louis Curmer aussi de prétendre enlever à l'épicier la moindre paillette des gloires dont l'a doté M. de Balzac, avec un enthousiasme si vrai et si profondément senti; nous lui accordons de bon cœur son universelle utilité, mais cela n'empêche pas que le marchand de vin n'ait aussi la sienne. — Où achète-t-on les billets de spectacle avec l'économie d'un tiers? où voit-on étalés en été les melons les plus succulens? où regarde-t-on l'heure quand on a — oublié, — perdu — ou engagé sa montre? où trouve-t-on les remplaçans militaires? où se réfugient les domestiques sans place? où règne le porteur d'eau? où trône le commissionnaire? où, enfin, ce qu'on appelle le peuple, trouve-t-il la joie après la souffrance de chaque jour, la paix après le labeur, l'accueil après le mépris, la chanson après le cri d'angoisse et de surcharge?... chez le marchand de vin. Tant et si bien que, si, pour complaire au vœu de son spirituel panégyriste, on élève des statues à l'épicier, je ne vois qu'un moyen d'échapper à l'injustice manifeste, c'est de frapper médaille à l'effigie du marchand de vin. — Voyons, ô Monnaie, soyez bonne fille, vous qui coulez tant de médailles en n'importe quel métal pour n'importe qui et n'importe quoi, une de plus ne vous coûtera pas grand' chose....

Le Liquoriste et le Distillateur.

—

Grandeur et Décadence; — Poésie et Prose.

———

Dans l'estimable catégorie des marchands de vins se place bongré malgré
une espèce récalcitrante qui renie son origine avec toute l'opiniâtreté d'un sot par-
venu, et s'intitule pompeusement liquoriste, ou plus pompeusement encore dis-
tillateur; — Ou du moins, s'il ne renie pas
tout-à-fait le titre de M^d de vins au *d* qui
se balance tendrement à la droite de
l'*emme*, en manière *d'exposant* algébrique,
il fait une belle nuit succéder un *n*, ce qui
veut dire magasin de vins, et sans contredit, cela ronfle beaucoup mieux.

Mais peu content de mépriser le marchand de vins, il se méprise encore lui-
même, et concentre toute sa faculté admi-
rative sur le cafetier; ses glaces, ses ta-

bles de marbre, ses lustres, tous ses rêves
sont composés de ces trois ingrédiens.

La boutique de liquoriste ressemble parfaitement à un laboratoire de chimie, ce
ne sont qu'alambics, tubes, madras, flacons étiquetés, où le mot vulgaire d'esprit-
de-vin est remplacé par le mot technique
d'alcool, et tout le long se dressent orgueilleusement deux rangs de tonneaux aux
cercles de cuivre vigoureusement frottés,
— calmes, impassibles comme de vrais
Prussiens au port d'armes.

Le liquoriste qui, comme le marchand
de vins, est toujours une femme (d'après
le résultat sans doute de longues études
psychologiques sur l'homme en général),
est affectionné de l'étudiant et adoré de
l'étudiante.

Qu'ai-je besoin de nommer ici celle que
la jeunesse des deux écoles à appelé *sa
mère*; — excellente mère, en effet, qui al-
laite ses nourrissons avec du kirsch, les
nourrit avec des prunes à l'eau-de-vie et

les engraisse avec des *chinois* ; — qu'ai-je besoin de nommer la *mère Moreaux*?

Tout le monde connaît, goûte son talent ; tout le monde sait comment elle cuit ses prunes à point, comment elle distille, aromatise géométriquement ses alcools et le reste.

Aussi, l'intrépide étudiante, — la garde avancée, la sentinelle perdue de la régénération sociale féminine — entraîne-t-elle perpétuellement son doux ami vers la place des Ecoles, et celui-ci, quand elle a été *bien sage*, lui octroie un chinois, même deux, — même trois chinois, si le mois commence.

Tel est le méridien poétique et gracieux de la célèbre liquoriste; mais le soir elle rentre misérablement dans le domaine de la prose, et le chiffonnier s'en vient hardiment vautrer sa barbe sale sur le pauvre petit verre que la charmante jeune fille effleura le matin de sa lèvre embaumée.... et le tonnerre ne tombe pas sur le miséra-

blo sacrilége!... C'était bien la peine de
l'inventer alors!

Arrête-t-oi, ma plume!... Ne mêle point
à tes rires de paroles amères!... Ne radote
pas sur l'ingratitude des hommes, et parmi
les hommes, des femmes!... Ne dis point
aux étrangers qui te liront, que la mère
Moreaux a trouvé des fils ingrats!... qu'elle
est sacrifiée pour je ne sais quel empoi-
sonneur du quartier latin!... Laisse plutôt
la conscience d'avoir mal fait les ramener
au bien ; — l'erreur, tu le sais, amie, est
passagère. — Ne mêle donc pas à tes rires
de paroles amères, — arrête-toi, ma
plume.

LA GARGOTE.

La gargote, plus modeste que le *bouchon*, n'a jamais franchi la grille de la barrière; mais pour être un peu sauvage elle n'est pas à mépriser. — Le consommateur trouve dans son sein les plaisirs de la ville et les jouissances de la campagne : et tout cela pour quelques sous.

Voyez cette petite maison brune, dont les volets sont chargés d'effigies de gigots et de carpes enlacées d'anguilles, avancez et regardez par cette fenêtre, vous avez sous les yeux une grande salle flanquée de quinquets et d'une baraque-orchestre, ajoutez à cela une quinzaine de tables ornées chacune d'un moutardier de faïence, et vous avez fait le plus strict inventaire du salon de quarante couverts, nombre de rigueur, mais toujours perfide.

—C'est encore le salon de danse lorsqu'une averse imprévue a fait une mare du carré d'Apollon.

Maintenant que vous avez j eté les yeux sur l'extérieur, entrez bravement dans l'atmosphère d'ognon roussi qui remplace l'air dans l'intérieur; mais n'allez pas demander un croûton, une sole à la financière.... on vous prendrait pour un aristocrate.

Demandez une gibelotte, ou plutôt une matelotte, si vous êtes près du canal, on vous saura gré d'avoir pensé à l'enseigne, et vous serez servi sous le grand berceau; vous ferez un dîner champêtre accompagné de fourmis et de pucerons; mais, allez, ce n'est rien, vous allez jouir d'un spectacle qui rachètera bien des choses; les tables qui vous entourent vont être envahies; là, le père Jabutard et sa famille en vestes bleues et nankin; ici, Dodophe et ses cousines; plus loin, ce grand cuirassier que vous reconnaissez à sa figure plate, butor qui ne donnerait pas un pouce de sa taille pour tout l'esprit de Voltaire; il s'est départi de ses 3 fr. 50 c.; mais après le veau et la salade, il est maître d'un cœur farouche.

La société va digérer maintenant son civet dans la salle du bal; après bien des détours, on arrive au salon d'Apollon, au-dessus duquel se balance la monstrueuse lanterne qui porte sur ses flancs :

BAL CHAMPÊTRE.

Le violon grince, la clarinette glapit deux tons plus haut, et la contre-basse gronde sourdement sous l'estrade..... La gargote a disparu, le bastringue règne dans toute sa splendeur... vous pouvez vous esquiver sans bruit, mais sans mystère; car on ne trouverait pas assez de bancs pour vous assommer si l'on vous prenait pour un mouchard.

Scénites des Champs-Elysées.

❧❖❏❂❏❖❧

Qui de vous n'est allé, au moins une fois, aux Champs-Elysées par un jour de fête publique, dans ce jour où le titi désertant le boulevart du Crime, va s'établir en plein soleil au carré Marigny, pour assister à la prise de Constantine et applaudir aux évolutions d'une troupe d'Héllènes commandée par un général en habit Louis XV.

Eh bien ! si vous avez vu les Bedouins, admiré le désespoir des sergens de ville *aux quatre orchestres*, le mât de cocagne, et même la famille *Loyal* (ou toute autre famille), vous n'avez pas vu le plus curieux; entrez sous ces ombrages frais baignés à droite par les flots de la Seine, arrosés à gauche par les voitures-arrosoirs. Vous y trouverez les fameux gargotiers Scénites; arrivé là, vous êtes attiré malgré vous par une odeur de charcuterie, dont les esprits échauffés par un soleil de vingt-deux degrés, émanent jusqu'en votre estomac pour y éveiller des appétits de boule-dogue. Votre oreille flattée par les doux gémissemens d'une poêle, vous conduit sous une charmante petite tente de toile à voile, où pour vos dix-huit sous vous allez dévorer une demi-douzaine d'œufs durs et deux tranches de jambon, le tout arrosé d'un petit vin à quatre (vinaigre non distillé), qui coule près de vous d'une vaste barrique comme de la fontaine de Jouvence. Si vous êtes doué d'une imagination poétique et belliqueuse, votre cœur se dilatera aux roulemens des tambours et aux fanfares du trombonne, car nous sommes derrière l'établissement de M. Achille, acrobate des fêtes du gouvernement.

Vous vous croirez dans un camp de guerre, et les décharges du théâtre Dorsay augmenteront encore cette douce illusion.

Un amateur, un consommateur versé, un lion de gargote, si vous voulez, vous dira de dîner à six heures, vous mangerez en

bonne compagnie, avec les Bedouins mal
décrassés qui descendent comme une horde
de barbares du carré Marigny; vous aurez
même l'avantage de vous trouver en face
d'Abd-el-Kader, qui séduit la vivandière
avec un ou plusieurs canons ou une carafe
'-gé-at.

A huit heures, tout a disparu, vous ne
trouverez même plus les piquets des tentes,
l'établissement s'est évanoui, les membres
en sont dispersés çà et là, et la nuit pro-
tége de son ombre un nouveau genre de
commerce, les tables, bancs et tonneaux
servent d'estrades aux amateurs du spectacle, et pour vos vingt centimes on vous
hisse sur cet chafaudage tremblant.

O lecteurs! c'est ici que j'ai besoin d'être
éloquent pour vous sauver d'un danger véritable! Le malheureux banc sur lequel on
vous a fait monter, demande grâce en vain
pour ses pieds vermoulus... non, pas de
pitié.

*Montez, payez, encore six places, encore
cinq, encore quatre.*

Vous voyez avec épouvante la malheureuse machine gémir de douleur, et le nombre de ses oppresseurs augmenter d'une
manière effrayante, — elle s'écroûle enfin
avec un horrible craquement; vous vous
relevez moulu, foulé, défoncé evec les ruines d'un chapeau, et vous n'avez pas même
eu le temps de frotter vos jambes, que l'établissement est déjà remis sur les siennes,
et que l'éternelle voix recommence avec
une exaltation toujours croissante :

*Montez, payez, dix places à louer, allons,
Messieurs, montez.*

Non seulement vous êtes déchu de la position élevée que vous occupiez quelques
minutes auparavant, mais encore du droit
d'y remonter; il faut payer une nouvelle
contribution... on ne vous donne pas de
contremarques pour descendre.

Un je ne sais quoi au Pont-Neuf.

Le Pont-Neuf, qui est loin de l'être, est assurément l'endroit de Paris le plus célèbre et le plus riche en vieux souvenirs : c'est sur le Pont-Neuf que Jacques Molay, grand-maître des Templiers, fut légalement assassiné ; c'est sur le Pont-Neuf que Monseigneur Gaston, frère de sa Majesté Louis XIV, s'amusait à voler les manteaux des passans ; — c'est sur le Pont-Neuf, enfin, que Cartouche tenait son quartier-général nocturne, le parapet pour remparts et la Seine pour fossés. — Mais aujourd'hui, le Pont-Neuf est doux comme notre bienheureuse politique, digne, en un mot, de dormir au milieu d'un siècle pacifique et peureux de sang comme le nôtre. Il n'a plus rien de terrible, de curieux ; il est fade, rebutant comme le reste. — Néonmoins, si vous prenez la peine de vous lever à quatre heures du matin, et si vous poussez l'amour de la psychologie jusqu'à goûter ce liquide impur, pompeusement décoré du nom de café, qu'une petite vieille y débite à cette heure-là aux marchands de la halle, vous vous réconcilierez un peu avec le vénérable personnage.

Quant au nom à donner à ce tripotage qui se vend deux sous la tasse, je vous laisse parfaitement libres de choisir, appelez-le : *quelque chose de blanc et de noir, un je ne sais quoi, mirabile monstrum, etc.;* peu m'importe. Mais ne l'appelez pas café; — il n'est pas permis d'abuser à ce point de la langue française.

ESTAMINET.

———

Un reflet de la Liberté.

———✦———

La liberté est un de ces mots que je ne sais qui a jetés un beau jour pêle-mêle dans le langage, mot que les hommes ont imprudemment ramassé pour le jeter comme un gant à la face des rois, que tous, depuis l'enfant qui se cramponne à sa nourrice jusqu'au vieillard qui se cramponne à la tombe, ont répété incessamment sans le comprendre, et que chacun explique à sa manière.

La liberté, disent les collégiens, c'est l'éternité des vacances ; c'est la communauté des biens, disent les voleurs maladroits ; c'est la communauté des femmes, disent les étudians ; c'est la faculté de casser les lanternes, disent les mauvaises têtes ; c'est la liberté d'insulter tout le

4

mondo, disent les écrivains quotidiens ou mensuels, peu contens encore de ne pouvoir insulter que cela ; c'est le libre jouer du cor, disent les musiciens acharnés ; c'est le libre paradoxe, disent les philosophes, et le reste. Si bien que toute liberté est impossible tant que chacun aura ses goûts particuliers, de même que le paradis s'il n'y a point de Léthé.

La liberté n'existe donc pas, n'existera jamais, seulement elle a par ci par là quelques reflets, parmi lesquels un des moins énergiques n'est pas assurément l'estaminet où le libre fumer règne splendidement avec le libre parler, le libre crier, ou le libre se taire.

Par moment, la conversation y est bruyante comme *feu* la chute du Niagara, puis un silence de cimetière, puis le tumulte recommence et aussi le silence. — Tel est le double effet de la bierre et du tabac qui rendent flegmatique, du café et du rhum, qui font des fous des plus sages.

L'estaminet ressemble épouvantable-
ment dès l'abord à ce que les vénérables
soutiens de la mythologie classique nous
disent de l'entrée du Tartare; — c'est
quelque chose de noir et d'enfumé qui ne
renferme que ce qui lui est absolument né-
cessaire pour subsister à l'état d'estaminet.
Des tables de marbre ou de bois, des ban-
quettes de bois ou de velours râpé, plusieurs guirlandes de pipes clouées à la muraille et numérotées, tel est l'ameuble-
ment. La fumée du tabac y maintient une
nuit éternelle, et la senteur âcre du houblon qui s'y mêle forme un air plus ou
moins respirable et médiocrement flatteur.

. . . .

Néanmoins, ces torrens de fumée bleue
dont les anneaux concentriques s'élèvent
et s'abaissent mollement comme d'élastiques anguilles, — ces bouchons, espèces
de tonnerres qui percent bruyamment ces
espèces de nuages azurés, — tout cela a
certainement son genre de poésie fantas-

tique comme l'idéalisme de nos bons voisins les Allemands.... les Allemands d'autrefois, veux-je dire, car il paraît qu'aujourd'hui le sensualisme fait au-delà du Rhin des ravages effroyables.

L'estaminet est essentiellement anarchique, et tous ses hôtes se rangent audacieusement sous la bannière de l'opposition : ce sont, en général, gens de médiocre aloi, quelques vaudevillistes qui n'ont pas même eu la gloire d'une chute, quelques feuilletonnistes émérites, puis une foule de vieux bacheliers ès-lettres, censés avoir fait leur droit ou leur médecine, — créatures hétéroclites maigres et jaunes qui ne vivent que d'aulx et de fumée. — C'est là qu'on entend ces jurons énergiques à faire honte à un mélodramaturge, — ce journalisme hurleur qui fait pâmer la province et trembler jusqu'en ses fondemens l'empire de Monaco, — ces protestations foudroyantes contre les ministres redressés, et ces acclamations fré-

nétiques pour les ministres renversés jusqu'à ce qu'ils se relèvent à leur tour, et
ainsi de suite. — Tous ont des têtes éche-
velées comme leurs pensées, — des vête-
mens usés comme leurs nouvelles, — des
chapeaux défoncés comme leurs paradoxes, — mais surtout des pipes noires
comme l'enfer et aboyantes comme la
gorge d'un hydrophobe.

Il est rare qu'à l'estaminet il n'y ait pas
un billard; un estaminet sans billard est
une tempête sans éclairs. Ah ! qui ne com-
prend tout ce qu'il y a d'enivrante volupté
à jouer la poule; la poule, ce pandamo-
nium de pieds de nez, de jurons et de pal-
pitations; la poule, où l'on se dispute une
queue comme on ne se dispute plus un
sceptre, où l'on achète cette queue le double de la mise générale, où l'on crève le
tapis quand on perd, où l'on serre à les
étouffer tous ses rivaux quand on gagne,
surtout dans ces jours de largesse admirable où le maître de l'estaminet allèche

les joueurs par l'appât d'une timbale d'argent, d'un couvert de vermeil ou d'un prix mystérieux qui se trouve être invariablement un mirliton ou une paire de moustaches, au grand *me miserum* du gagnant et aux éclats de rire de la terrible société.

L'estaminet des Mille-Colonnes partage avec l'estaminet Colbert la gloire d'attirer MM. les élèves de l'Ecole polytechnique et MM. de l'Ecole royale militaire de Saint-Cyr, guerroyant la queue au poing, à l'encontre des innocentes billes de deux pouces de diamètre, qui, lancées avec trop d'impétuosité, s'en vont fréquemment caramboler avec les tabourets quand ils ne préfèrent pas les carreaux.

Mais pour trouver l'estaminet dans toute sa farouche splendeur, il faut passer la Seine et gagner le quartier latin, où l'étudiante pur sang donne son coup de queue avec tout l'aplomb d'un tyran de troisième année.

J. Pelleria

Voyez avec quelle grâce elle se cambre ou se redresse, élastique et flexible comme la lame d'un fleuret Solingen, — avec quelle nerveuse assurance elle fait galoper sa bille, blanche cavale, sur le pré vert du billard ; — comme ses carambolages sont hardis, mesurés, flamboyants ; — par devant, par derrière, à deux mains ou au *pistolet*, tout lui est même chose ; — l'éclair luit, le tonnerre roule et la *rouge* est engloutie dans la profondeur de la blouse. — Cela fait, elle rejette derrière son oreille une mèche récalcitrante, lance à son adversaire un regard de parfait mépris, — et se roule un cigarette au milieu d'applaudissemens convulsifs.

DIVAN.

—

Estaminet civilisé.

———⬤———

Le divan ressemble à l'estaminet comme
le tabac de Maryland au tabac de caporal;
la révolution de 1830 à la révolution de 89;
il a complètement perdu son air sauvage,
échevelé, ses allures hardies, son puissant
hennissement; c'est bien encore la liberté,
mais la liberté badigeonnée et replâtrée,
la liberté avec un roi cons-ti-tu-ti-on-nel.
Il appartient à la famille des estaminets de
la même façon que l'aloës-zéhérit à la famille des chardons, c'est-à-dire que l'laoës-
zéhérit ou le *cactus grandiflorus* sont les
plus belles fleurs du monde, et que le divan est un estaminet riche, élégant, splendide, doré comme ne fut onc courtisan du
vieux trône. — La pipe y est un monstre

inconnu, mais en revanche, il s'y fait une
abondante consommation de cigares soit-
disant Régalia ; la bierre disparaît presque
entièrement pour faire place à la demi-
tasse, à la limonade ou au punch, lesquels
ne pénètrent que frauduleusement à l'estaminet ; — le plafond se hasarde jusqu'à
se revêtir de mosaïques d'or, les lustres ne
manquent pas de glaces pour se mirer à
l'aise, et de paresseux divans de velours
rampent nonchalemment le long des mu-
railles. — Que vous dirai-je, enfin?... Il y
a une dame de comptoir !

Brune jeune fille qui sans doute a fait un
bien long et pénible apprentissage pour
s'habituer aux mâles exhalaisons du tabac.

Brune jeune fille, dont le doux visage
rayonne éternellement ;

Brune jeune fille qui, au milieu des nuages azurés du tabac, semble une Néréïde
classique dans l'azur de Neptune.

J'aime le divan du passage des Panora-
mas : ce charmant boudoir se divise en

deux parties; la seconde est une espèce
de dais plein de grâce et d'orientalisme, il
y règne un poétique demi-jour qui aug-
mente encore la rêverie douce du lieu.

Au milieu se dresse un superbe palmier
d'or, autour duquel deux serpens balan-
cent avec toute la grâce ophidienne leur
tête au-dessus d'une guirlande de globes
lumineux, fruits dorés de ce bel arbre.

Les divans de velours rouge sont doux et
moëlleux, aussi, les poses y sont plus ou
moins élastiques : Ici vous ne voyez que
deux semelles de bottes entre lesquelles
un gros cigare embrasé; là c'est quelque
chose d'arrondi sans pieds ni tête, un ours
se roulant le long des Alpes; le lion y songe
paisiblement à sa lionne ou à son rat, le
pauvre poète à son bienheureux mysticisme, en roulant son cigare entre ses in-
cisives.

En un mot, c'est une de ces choses grotesques, hyperboliques, dont Paris est plein, et qu'il faut absolument avoir vues pour s'en faire une idée.

Quant à l'opinion politique du divan, elle n'exige pas une grande surveillance de la part des intéressés; on y lit bien le *National*, mais les feuilletons du *Siècle* passent avant lui, et la brune jeune fille du comptoir se permet de lire le *Charivari*, et de rire conjointement avec un et même deux lions sur les spirituelles et profondes moralités de Gavarni.

Ainsi donc, lecteur, qui êtes à la fois d'humeur douce et sévère, négligé et élégant, libéral et modéré, qui préférez Athènes la polie à Sparte la dompteuse d'hommes, le divan semble avoir été créé et mis au monde tout exprès pour vous. — L'estaminet vous étoufferait, le divan vous réjouira. — A la vue affaiblie il faut un demi-jour.

CAFÉ-SPECTACLE.

Le café Montensier est une chose graveleuse, dont vous m'excuserez de ne pas rappeler les vieux péchés; je ne parlerai pas davantage du café des Sauvages, son peu scrupuleux imitateur.

Le café des Aveugles n'est pas plus jeune, mais il est resté vieux; c'est le bon vieux temps exempt de l'enchérissement du jeune.

Je suis sûr qu'il n'y a pas dans Paris un seul homme qui n'ait connu toute sa vie le café des Aveugles, voilà pourquoi j'aime le café des Aveugles.

J'aime ces pauvres vieux hommes; il y a dans ce figures tristes, déjà mortes, et ne vivant plus que par un sourire mélancolique, un je ne sais quoi qui va au cœur, et leur musique instinctive est pleine de douceur.

Quant à ce long caveau à demi-éclairé,

quant à ces tables de chêne où ces bonnes
figures du peuple endimanché s'épanouis-
sent d'un rire si largement gaulois, quant
à ce théâtre formé de quelques planches,
où se débitent de si grosses plaisanteries,
qu'il n'en faudrait pas quatre pour écraser
tout Paris; cela a certainement quelque
chose de naïf, de primitif qui fait rêver au
moyen-âge, à ses Soties, à ses mystères.
— L'éducation change et rajeunit les hommes , le peuple reste long-temps vieux.

Allez une fois, deux fois au café des
Aveugles, lecteur, mais n'allez jamais au
Café-Spectacle qui s'est emparé du vieux
Vaudeville. — C'est bête. — Vous avez là
une salle riche d'or et de sculptures , une
salle vraiment belle, et puis un pauvre
théâtre où l'on vous joue un pauvre acte
après quoi on vous jette poliment à la porte,
que vous ayez ou non achevé votre demi-
tasse, et même que vous ayez ou non payé
ladite demi-tasse.

Il faut que je fasse ici ma confession,

confession éclatante qui me dispensera désormais de tout remords : — j'étais entré au Café-Spectacle un jour que j'avais affaire au boulevart Bonne-Nouvelle. —On jouait je ne sais plus quoi, toujours est-il qu'il y avait un père noble trompé par une première amoureuse et un cadet de Saint-Cyr. Le tout se terminait à l'amiable avec force ariettes plus ou moins aigres, et j'avais avalé ma dernière gorgée d'un moka qui ne l'était guère moins, quand on nous annonça qu'il fallait céder la place à de nouveaux spectateurs qui faisaient queue en attendant. —J'appelai le garçon : — pas le moindre garçon. J'appelais encore, et la foule m'entraînait en se ruant vers la porte, si bien que j'étais déjà dehors que, comme l'époux d'Eurydice, je murmurais encore : garçon ! garçon !!!... et l'écho seul répéta : garçon ! garçon ! garçon !!!... — Voilà comme quoi je suis redevable de 40 c. au Café-Spectacle.

Buvards, Buveurs et Buvettes.

———— ›‹≈⊱⊰≈‹— ————

Un savant helléniste que je consultais der-
nièrement pour savoir si buveurs et buvards
avaient la même étymologie, me répondit
que oui ; car tous deux tenaient de la laine
absorbant plus ou moins le liquide présenté.

Quant au mot *buvette*, il me fit une dis-
sertation qui n'avait rien de scientifique :
elle eut pour but de m'apprendre que ce
mot était emprunté du féminin, par la raison que ce genre d'établissement était d'ordinaire plus fréquenté par la plus aimable
moitié des deux sexes. — Jeune homme
me dit-il, règle générale : — quand vous
conduisez une femme au spectacle, évitez
de prononcer devant elle les mots de *cha-
leur, soif, rafraîchissement*, et une foule
de substantifs, adjectifs ou adverbes susceptibles de donner des idées qui se tra-
duisent en limonades, glaces, sorbets, oran-

geades, tous objets de luxe et de dépense.

Etant donnée une cousine, une tante de province, la bonne dame qui n'est pas forcée de savoir que le bon ton, les convenances commandent à une femme qui se respecte, de ne pas se promener dans les couloirs et au foyer pendant les entr'actes, même au milieu de la canicule, vous demande d'aller *prendre un peu l'air*. Vous voilà coudoyé, coudoyant, talonné, talonnant dans ces thermopyles étroites vulgairement nommées corridors,—au bout desquels est presque toujours traîtreusement placée en potence une buvette ornée de carafes roses, rouges et blanches, — perfides appâts présentés à la soif du pérégrinateur.

La tante ou la cousine est toujours une bonne grosse maman, chez qui vous avez été reçu de tout cœur un jour qu'il vous a pris la fantaisie d'aller faire connaissance avec votre famille de Picardie ou d'Artois. Chez cette excellente femme, il y a une

abondance intarissable, boire et manger y
sont les grandes et interminables occupa-
tions de la vie, la dame prêche l'exemple
le verre à la main, et se scandalise quand
on refuse de trinquer avec elle, — on trin-
que encore dans l'Artois... heureuses gens!

Le moyen, après cela, de se trouver en
face d'un buffet chargé de tant de rafraî-
chissemens sans en offrir à une femme qui
boit si franchement... Elle accepte donc, et
de préférence, une groseille à cause de la
couleur; elle la prend entièrement, et vous
voilà forcé pour lui faire compagnie d'en
consommer une seconde : — 4 fr. à ajouter
aux dépenses, car ce n'est pas ici le prix
ordinaire ni extraordinaire des autres cafés, — le cafetier des théâtres payant toujours au directeur une redevance énorme,
double, triple, s'il le faut, le prix de ses
denrées, afin de n'y point mettre du sien.

Cette exaction n'est rien pourtant auprès
de la scandaleuse augmentation de ce qui
se débite aux buvettes des théâtres pendant

les bals du carnaval. J'ai vu le verre d'eau sucrée se vendre 1 fr., un quartier d'orange non glacé, 1 fr.; ce qui remettait la pomme entière du jardin des Hespérides au prix modeste de 12 fr.... honnête cafetier, va ! Tout le reste était en proportion, et malgré cela, on se presse, on se rue, on se bat pour approcher de cette forêt de Bondy.

Et puisque je suis en train de parler de voleurs, j'ajouterai que c'est là que l'on voit régner l'égalité la plus absolue : le paillasse boit avec le diplomate, la cracovienne avec le grand turc, le polonais avec le gentleman. Autour de ces groupes, papillonnent pendant ce temps une foule de dominos au pied mignon, à la tournure cambrée, et dont les beaux yeux brillant à travers le masque, semblent provoquer une invitation préliminaire d'une alliance de quelques heures.

Mais parfois, ces dames n'y mettent pas tant de façons, et au moment où vous vous

croyez parfaitement sûr de savourer une
tasse de café, une main potelée s'emparant
en tapinois d'un des morceaux de sucre
placé sur votre soucoupe, la plonge *en ca-
nard* dans votre moka, en absorbe une partie, et d'une voix flûtée ajoute pour toute
excuse : — *Vous permettez, Monsieur?*

On m'a raconté qu'un jeune et pacifique
aspirant à la cléricature, avait vu disparaî-
tre ainsi, par suite d'une petite conjura-
tion féminine, sa tasse entière..., et pourtant il n'avait rien permis.

GLACIER.

—✦—

Je sortais des Tuileries ayant devant moi une charmante petite dame qui donnait le bras à un grand monsieur, plus sec et plus maigre assurément que la vieille charte du roi Jean. — Comme j'avais deux bonnes heures à flâner, je fus curieux de suivre ce couple si mal assorti, peut-être même avais-je au fond de graves raisons... Je les suivis donc à distance, pestant tout bas contre cette longue et monotone rue Saint-Dominique, lorsque je les vis entrer chez le célèbre glacier, de contentieuse mémoire...... mais ne réveillons pas les anciennes douleurs de la reine de Castille.

J'étais assis à trois pas d'eux : la ravissante créature tira de son sein d'élégantes tablettes, crayonna quelques mots sur une carte porcelaine et la remit au garçon : — cinq minutes après, le grand monsieur prenait une superbe double vanille, et la dame une glace à l'ananas.

Je compris immédiatement ce langage
glacé; il était de toute évidence pour moi
que le grand monsieur était le mari, et ne
pouvait être que le mari, — car il ne faut
pas avoir pâli long-temps sur des livres de
chimie pour connaître la vertu tonique et
morale de la vanille... Pauvre femme ! pen-
sais-je, être réduite à cette extrémité... dé-
cidément, voilà un mari qui a su réunir toutes les qualités requises pour être un jour
fort chagriné !...

J'en avais assez vu, Dieu merci ! je m'es-
quivai dans le second salon, où j'entrai
en même temps qu'un gros Anglais, qui,
suivi de sa femme, d'une fille et d'un fils,
demanda gravement au garçon ébahi une
glace et quatre cuillères. Je contemplai
quelque temps cette estimable famille pi-
quant en cadence sa malheureuse groseille,
et qui, comme vous le croirez aisément,
vit bientôt le fond du verre.

Je savourai à mon tour une délicieuse
glace, dont, et pour cause, je vous cache-

rai les nom et prénoms, en pensant au bon
roi du dix-septième siècle, à son impôt sur
les glaces du royaume, à Tortoni, à sa mé-
nagerie de lions, de tigres et autres bipèdes plus ou moins féroces ; j'arrivai enfin à
déplorer le sort de ces tristes humains, qui,
ignorant le langage des glaces, ni moins
vrai ni moins étendu que celui des fleurs,
trahissent en un moment ces pauvres sen-
timens qu'ils passent leur vie à dissimuler, — à ces pauvres vieux lions édentés
qui demandent une vanille ou un citron,
— à la femme romantique qui savoure le
mysticisme conjointement avec un café ou
un ananas, — au beau-fils de province
qui vise droit à son sorbet et lorgne aux
alentours si bien, qu'il ne se donne pas
dans tout le salon un seul coup de cuillère,
dont il n'ait apprécié la portée et calculé
la dynamique, — aux jeunes filles qui sor-
tent de pension, et qui rougiraient si on
leur offrait autre chose qu'une framboise...
que sais-je, enfin ? je pensais aux mille et

une trahisons dont les glaces sont les tru-
chemens.... un jour peut-être telle glace
habilement panachée entre les mains de
telle jolie femme vous apprendra... Dieu
veuille, lecteur, que ce ne soit ni la vôtre
ni la mienne.

CAFÉ-RESTAURANT.

—

TRADUCTION LIBRE : Voi che entrate lasciate ogni speranza.

———(●)———

On donne le nom de café-restaurant à quelque chose qui n'est ni un café ni un restaurant, mais qui est l'un et l'autre tout à la fois, — sorte d'Hermaphrodyte aux amours amphibies, *ambiguæ veneris, neutro potiundus amori*, comme dit Ausone.

Pourtant voici d'un côté des nappes fort blanches, de belles assiettes de porcelaine, de beaux petits pains viennois ; la carte est remplie d'excellentes choses et l'on doit dîner délicieusèment....

Pourtant voici de l'autre côté de jolies tables de marbre et de beaux divans de velours, et les glaces à la vanille ou à la groseille, se dressant plus orgueilleusement que l'obélisque, dans leur petit verre de cristal.

Ventre du diable, l'un et l'autre seraient délicieux... s'ils étaient séparés ; car vous n'ignorez pas combien il y a de choses excellentes et utiles qui deviennent détestables par le rapprochement indiscret, — dispensez-moi des exemples. — Suivant le plus admirable de tous nos axiômes de droit : *non bis in idem.*

Ainsi, mes bien aimés lecteurs, en vertu de la bonne et franche amitié que je vous ai dédiée aussi bien que les mille exemplaires du présent volume, — je veux vous donner aux uns et aux autres un conseil qui n'est pas à dédaigner.

Lecteur qui n'êtes pas marié, qui n'avez point de cuisinière par raison de morale ou de quibus, et qui chaque jour êtes obligé de faire votre Odyssée à travers Paris pour chercher à dîner pour vos 40 sous, — défiez-vous du café-restaurant.

Lecteur qui avez une soif sans cesse renaissante comme le foie classique du classique Prométhée, et qui aimez à vous dilater le cœur et l'esprit avec la purée de septembre, comme dit notre vieux et cher Rabelais, — défiez-vous du café-restaurant.

Lecteur qui buvez, vous serez amené à maugréer Bacchus, ce dont Dieu vous garde, et vous avalerez ou votre punch, ou votre café, ou votre limonade pêle-mêle avec l'arôme délectable de la purée de Crecy, le suave parfum des pommes de terre frites ou de la sole au gratin;

Lecteur qui mangez, vous serez amené à maugréer Brillat Savarin, ce dont Dieu vous garde, et vous avalerez votre purée de Crecy pêle-mêle avec l'arôme du rhum brûlé, la senteur âcre du houblon, ou la sauvage amertume de l'absinthe;

Lecteur qui buvez, vous lancerez des regards flamboyans au lecteur qui mange;

Lecteur qui mangez, vous toiserez d'un œil menaçant le lecteur qui boit;

Et bien heureux serez si vous êtes assez stoïciens pour ne vous point couper la gorge mutuellement, ainsi que je l'ai vu faire à deux charmants cavaliers qui se trouvaient attablés l'un près de l'autre dans une salle étroite.

Le cavalier A buvait de la bière de Strasbourg, vous savez, cette grosse triple bière qui, pleine de gaz acide carbonique, a si vite fait d'exclure violamment l'atmosphère préexistante.

Le cavalier A' mangeait entre autres choses trois harengs saurets rôtis sur le gril; vous savez, ces harengs qui, pleins de gaz ammoniacal, brûlent la gorge comme l'eau de mer, et titillent si rudement les nerfs olfactifs.

Un orage encore tacite commençait à ronfler dans la poitrine des deux personnages.

— Peut-on boire de la bière comme cela? grommelait le cavalier A'.

— Peut-on manger des harengs saurets rôtis sur le gril ? grommelait son voisin.

— Pouah !

— Pouah !

— Votre bière m'empoisonne, dit enfin le cavalier A' à haute et intelligible voix.

— Vos harengs me scient le dos, répondit l'autre sur le même ton.

— Môsieur est allemand?...

— Monsieur est épicier ?

— Môsieur !...

— Monsieur ?..

Et il se trouva que le cavalier A venait de recevoir au beau milieu du visage un hareng sauret rôti sur le gril, et que les cheveux du jeune épicier ruisselaient de bière de Strasbourg. Deux heures après, on rapportait du bois de Boulogne le pauvre ca-

valier A', auquel le cavalier A avait labouré
le diaphragme d'une balle de plomb, et peu
s'en fallut que le destin ne fît avec bière un
terrible jeu de mots...

Sitôt donc que vous apercevrez la fatale
inscription en lettres d'or ou d'azur : CAFÉ-
RESTAURANT, faites comme moi , réci-
tez vite le vers du Dante Allighieri :

Voi che entrate lasciate ogni speranza.

et passez outre avec une sainte horreur.

Que Messieurs tels et tels me pardon-
nent, mais qu'ils retournent à l'unité et je
les laisserai tranquilles... ou bien que —
semblables jusqu'à un certain point à certaine personne dont parle Pline le natu-
raliste,—ils soient restaurant le matin, café
le soir, ou réciproquement.

Comme quoi l'Auteur, arrivé à cet endroit de son Ouvrage, fit une rencontre des plus heureuses.

Un soir, je posai ma plume, résolu de me délasser, — ou peut-être de me tuer, grâce à quelque superbe opération chimique; je cherchais donc un flacon assez robuste pour résister à une combinaison gazeuse avec détonation, lorsque je me souvins que j'avais au fond de ma bibliothèque un vieux bocal, couvert d'un vieux parchemin, noué d'une vieille ficelle. — Je m'en saisis, mais quel fut mon étonnement de voir que j'avais beaucoup de mal à le soulever, bien que je fusse parfaitement certain de n'y avoir jamais rien vu ni introduit. Au même instant, j'entendis sortir du ventre de la bouteille une voix qui ne me sembla pas étrangère : — « Mon ami, disait-elle, je suis le diable boiteux dont Lesage a écrit la très véridique histoire. Tu sais comment, après l'aventure du jeune

Piquillo, je retombai entre les griffes de mon cruel magicien; il m'emmena en France quelque temps après; — mais il ne jouit pas long-temps du fruit de sa méchanceté; au lieu de neuf cents ans qu'il avait à vivre, il n'en vécut que trois cents; grâce un peu à moi, il mourut il y a deux mois environ, et ses héritiers vendirent à l'enchère tout ce qu'il possédait. — Quand tu m'achetas avec plusieurs autres flacons, tu ne t'aperçus pas de ma présence dans celui-ci, attendu que par suite de sa dernière malédiction, j'étais encore à l'état gazeux, et je n'ai repris ma forme et mon poids que depuis une quinzaine de jours. — Si tu consens à me tirer de céans, je te promets que tu ne t'en repentiras pas, — tu sais comme j'ai tenu ma promesse à don Cléofas Leandro Perez Zambullo. — Tu as entrepris une physiologie pour sacrifier à la mode ou plutôt par un caprice non réfléchi, quoique ce genre de travail soit parfaitement opposé à ton humeur, car, plusieurs fois, du fond de mon bocal, je t'ai vu haussant les épaules et prêt à briser ta plume, donnant au diable ton manuscrit ; — que la critique te soit légère ! Me veux-tu pour collaborateur ? Tire-moi d'ici, nous achèverons ensemble ; je serai ton Cicérone et te porterai sur les toits, selon ma louable habitude. »

Je m'emparai vivement d'un canif, je coupai la corde, et le charmant petit diablotin se mit à gambader sur mon divan, sur ma table, partout, joyeux de se retrouver en liberté. — Puis, il vint s'asseoir sur mon genou, et m'embrassant tendrement : Viens, me dit-il, ne perdons pas de temps, — tiens-toi bien à mon manteau.

Aussitôt, ma fenêtre s'ouvrit d'elle-même, et tous deux, lui volant, moi pendu, nous voguâmes dans l'espace. Nous nous arrêtâmes sur le dôme du Panthéon, et là, étendant ses petites jambes, mon guide se mit à parler de la façon cavalière qui lui était habituelle.

LES TROIS COURS DE DROIT.

LES CAFÉS DU QUARTIER LATIN.

Il y a trois cours de droit, me dit Asmodée; le premier, qui se professe ici près
dans ce noir bâtiment, conjointement avec
des professeurs noirs ou rouges, du reste
parfaitement ennuyeux; — le second a
lieu ordinairement au cinquième étage, et
s'apprend aux pieds de quelque fleur tom-
bée du ciel dans une mansarde; — enfin,
le troisième se fait au café.

— Le premier ne voit guère que quelques
pauvres haires aussi bêtes que laids et aussi
laids que pauvres; braves jeunes gens qui
n'aspirent qu'à devenir parfaitement semblables à leur code, vivant, parlant, man-
geant, rêvant, mourant par articles et pa-
ragraphes; pauvres cailloux que vous avez
beau frapper de n'importe quelle manière,
vous n'en faites sortir autre chose qu'une

grosse phrase lourde, entortillée, qui sent
le code à réjouir Chicaneau à vingt pas; —
ils seront un jour notaires et gagneront un
argent fou.

Le second est fréquenté des jeunes étudians de première année qui, neufs de
cœurs aussi bien que d'habits, voient des
anges dans toutes les femmes, et leur débitent un ramage empoulé, criard, rossi-
gnolant, qui peut complètement tenir lieu
de canaris ou de perroquets à celles qui en
sont possesseurs.

— Ceux-là, dis-je, que deviennent-ils?

— Peu de chose, quand ils ont été trompés vingt ou trente fois, dont dix à leur
connaissance, ils se mettent à adorer des
actrices, arrivent quelquefois jusqu'aux
rats, et alors, prennent envers et contre
tous le titre pompeux de lions. — Le lion
chevauche aux Champs-Elysées, piaffe à
l'Opéra, rugit aux concerts, et quand, enfin, il gémit, chargé d'ans et pleurant son
antique prouesse, il n'échappe à aucun des

outrages que souffrit jadis son homonyme
de la table.

Quant au troisième, c'est le refuge des
jeunes désillusionnés qui, désabusés dès
long-temps de l'amour platonique et ras-
sasiés de l'autre, trouvent le digeste trop
indigeste, — *rudis indigesta que moles,* — et
se consolent de la vie, du droit et de la réa-
lité par le café, le tabac et les dominos.

Ceux-là finissent par se marier, ont des enfans qui les appellent papa, et terminent
constitutionnellement leurs jours dans
quelque filature ou dans quelque fabrique,
à moins que

Croyant sentir du ciel l'influence secrète,

et ne se lancent témérairement *dans la
carrière de la littérature*, et ne s'ensevelis-
sent sous les ruines de quelque journal.

Cette troisième espèce d'étudians est la
plus nombreuse de toutes, comme l'attes-
tent les innombrables écoles incessamment
ouvertes, incessamment remplies. Je n'ai
pas à te faire la description des cafés du
quartier latin; voyez en un, vous les avez
vus tous. — Tous sont bruyans, joyeux,
larges rieurs, — railleurs du passé, — in-
soucians de l'avenir, —avides du présent,
presque tous en dépit de votre mémorable
dragonade de 1830, — je parle des classiques et des romantiques, — possèdent les
noms les plus classiques du répertoire :

café Racine, café Molière, café Voltaire, etc.
et sont recommandables par l'extrême politesse des garçons qui parlent quelquefois
latin, et la dame de comptoir parle une
langue mille fois plus douce, douce comme
la voix du serpent tentateur de la Genèse,
qui est un de mes cousins, soit dit sans
aucune espèce de morgue aristocratique.

— Maître, puisque c'est là tout le présent, n'y a-t-il pas quelques bons souvenirs
d'autrefois?

— Si vraiment! — Il y a le café Procope.... Croirais-tu, toi, qu'il y a des gens
qui du haut de leur barbe de lion, osent
mépriser le café Procope, — passer devant
le café Procope sans ôter leur chapeau?...
C'est incroyable! Excellens jeunes gens,
qui ne savent pas que c'est là qu'en trois
grands actes s'est joué le drame de la littérature, drame dont le prologue est intitulé
Racine, le nœud Voltaire et la péripétie
Victor Hugo. C'est au café Procope que
Molière composait ses admirables satires

et Racine ses cantiques harmonieux; c'est là que Voltaire, tout en prenant son café, nous dépêchait tant d'âmes, grâce à son scepticisme et à son esprit; c'est là que Piron chantait ses joyeuses amours, et que les deux Rousseau aiguisaient, l'un ses épigrammes, l'autre ses paradoxes.

— Oui, je savais cela; mais les échos eux-mêmes du café Procope l'ont oublié; mille fois j'y ai imploré une voix, une apparition... la seule voix qui me répondît, c'était le glapissement sourd des dominos, — des dominos au son rauque comme les ossemens que les fossoyeurs d'Hamlet remuent dans le cimetière d'Elseneur; — la fumée du tabac, voilà les seules âmes qui errent dans cette pauvre relique profanée....

— Hum! les glaces y sont très bonnes, piquante la bierre, brûlant le café... et cela rachète beaucoup de choses... Suis maintenant la direction de mon doigt, vois-tu, au coin de la rue du Bac et de la rue de l'Université, ce café d'assez médiocre apparence?

— Le café Desmares ?

— Précisément. — C'est là que MM. de Peyronnet, de Polignac et autres, qui n'étaient encore que simples députés, proclamaient, adoraient, entonnaient la Charte à pleine voix,

Qui depuis... Rome alors estimait leurs vertus.

— C'étaient donc des hyppocrites?

— Non pas, c'étaient de grands politiques qui plus tard firent échec au peuple... mais le peuple fit échec au roi, et, à cette différence du jeu ordinaire, le roi fut pris.

— Çà, toi qui sais tout, que penses-tu de notre révolution ?

— Chut ! chut !

— Pourquoi ?

— J'ai peur....

— Malicieux ! ne sommes-nous pas invisibles.

— Pour les hommes, oui ; mais pour les mouchards?... Voilà à peu près tout ce que j'avais à te dire du quartier latin, passons à d'autres.

Véritable point de vue sous lequel il faut envisager les Cafés.

———|❋|———

A ces mots, le diable boiteux et moi nous nagions au-dessus de la Seine ; il en profita pour me faire quelque peu de philosophie :

Chaque café, dit-il, a sa moralité : il y a des cafés bêtes qu'on laisse bien tranquilles ; — des cafés qui, non contens d'être bêtes, sont encore méchans, révolutionnaires, hurleurs ; ceux-là sont emplis de mouchards ; — puis, il y a de vieux cafés qui sont jusqu'à la fin de leur vie sous la surveillance de la haute police, et de jeunes cafés sur la moralité desquels M. Delessert ne s'est pas encore prononcé ; — il y a des cafés de mauvaise vie, des cafés dorés comme un trône, des cafés riches comme des mandarins, — et puis, en petit nombre, des cafés proprets, élégans et modestement atournés, causant bien, causant spi-

rituellement, et dans lesquels vous vous
sentez l'âme réjouie, dans lesquels vous
êtes heureux d'être.

Mais ne crois pas que les cafés soient
une chose de peu d'importance ! — On a
dit bien des fois que la littérature était le
représentant de son siècle, les représen-
tans des siècles, ce sont les cafés. —
N'est-ce pas une sorte de collection où
toutes les variétés des bipèdes sont collés,
piqués, étiquetés? Car, quel est l'homme,
quel est le poète, quel est le marchand,
quel est le pair de France, quel est le mari
qui n'aille pas au café? —Tout le monde y
va, nulle espèce ne fait défaut. Vous donc,
ô littérateurs, ô moralistes, ô romanciers,
ô feuilletonnistes, vous tous qui peignez
incessamment l'homme, n'importe en quel
format, passez votre vie au café, et je vous
jure que vous aurez assez de types et de
plans pour forcer les comptes-rendus à se
donner au diable! Ajoutez à cela que les
femmes commencent à s'y mêler aussi; et

bientôt, je vous assure, le café sera une véritable encyclopédie contemporaine, un keepsake, comme on dit aujourd'hui.

LES CAFÉS DU PALAIS-ROYAL.

— O Schéhérazade, — interrompis-je à cet endroit, — suis-je le jouet de mon imagination encore toute enivrée de ta poésie dorée et de ton divin orientalisme?...

ASMODÉE.

Qu'as-tu donc, mon cher?

MOI.

Ne vois-tu donc pas ce Palais-Royal dont tu as enlevé toute la toiture? Ne vois-tu pas tous ces cafés éblouissans de lumière? Que d'harmonie, que d'or, que de lumière reçue et réfléchie! Qu'il est doux à l'œil et au cœur ce fluide éthéré, ondulant mollement dans l'espace et ce reflétant rayon!...

ASMODÉE.

Je vois que tu admets l'hypothèse de Descartes au détriment de celle de Newton.

J'y consens; mais, mon bon ami, cette splendide fête de lumière, c'est tout bon-

nement le produit infâme du plus impur
de tous les gaz.

MOI.

Qu'il y a d'art dans la position de ces
glaces limpides qui, placées face à face, se
mirent l'une dans l'autre comme une suite
de générations.

Quelles sont gracieuses ces petites tables de marbre noir ou blanc avec leurs
petits pieds bronzés.

Quelle richesse !

ASMODÉE.

Richesse dont bien des usuriers et bien
des huissiers savent le secret.

MOI.

L'estaminet, c'est la sauvage poésie d'Ossian, c'est Fingal, c'est Oscar, c'est la farouche Inistore, — voici maintenant la
lyre harmonieuse, le delicious paradise de
Milton.

ASMODÉE.

Pauvre Ossian! pauvre Milton! — pauvre feuilletonniste !

MOI.

Quelle est belle cette jeune fille; heureuse reine qui trône dans cet Eldorado! Comme ses grands yeux miroitent adorablement la lumière qui l'environne, qu'il y a de mollesse dans sa pose, de nonchalence toute italienne dans son sourire!... Belle déesse, sous quel nom vous adore-t-on?

ASMODÉE.

Pour le coup, halte là!... Hé! mon cher, cette belle déesse, c'est une ancienne grisette de la rue Saint-Denis, une simple jeune fille qu'on paie tant par an, et qui, un beau matin, reine mise à la réforme, épousera quelque garçon de son empire,—quelque épicier peut-être.... et puis, mon cher, écoute un peu causer ces gens-là, et tu m'en diras des nouvelles.

MOI.

Oh ! comme la conversation est plate au milieu de tout cela ! quelles ombres à tant de lumières, et quelle électricité négative dans ces hommes. — Diable, donne-moi la vraie définition du café.

ASMODÉE.

C'est la lyre harmonieuse, le délicious paradise de Milton !... Non, plaisanterie à part, ces charmants boudoirs ne sont pas à mépriser :—le café d'Orléans est vraiment fort joli et embaumé, quoi qu'un peu étouffant; — le café-estaminet de Paris n'est-il

pas une chose délicieuse? — le café de Foy
est extrêmement simple, mais a de fort bon
café, du moins à ce qu'on dit ; car nous autres diables nous n'en usons jamais ; — le
café du Caveau a de ravissans souvenirs,
c'est là que se tenait le fameux caveau illustré par Piron, par Désaugiers, immortalisé
par Béranger.

— Maître, tu ne me dis rien de la rotonde.

— Hélas ! que dire d'un endroit où l'on
ne boit plus que de l'absinthe ? Vos Français sont étranges, sur ma parole ! Excellens jeunes gens qui ne savent qu'inventer
pour se dénaturaliser. Sais-tu l'effet que
produit maintenant la rotonde, la rotonde
naguère si belle, si coquette, si embaumée ? — Vous entrez; à voir tous ces verres remplis d'une liqueur verdâtre plus ou
moins distillée, à respirer l'air rempli d'une
acrimonie sauvage, vous jureriez être dans
un hôpital de scorbutiques ! — Autrefois
on prenait de l'absinthe pour éveiller l'ap-

pétit, aujourd'hui on en prend aussi bien
avant qu'après dîner, et même souvent
sans espoir de dîner; je parie que demain
on boira de l'absinthe à table au lieu de
Chablis ou de Chamberlin. Et cependant
trouve-moi quelque chose de plus mauvais !

— D'où vient cela ?

— Helas ! mon ami, c'est que votre
pauvre humanité est l'esclave d'un petit
monstre, caméléon à mille formes, aujourd'hui coiffé d'un castor hérissé comme
un de vos mélodrames, d'un paletot à poches insaisissables, etc., etc., et qui s'est
mis en tête de ne plus boire que de l'absinthe.

Ce caméléon a une femme de même na-
ture que lui, puis il a un frère, lequel a
une femme aussi, et tous quatre sont nés
du même père, et tous quatre se haïssent
à la mort, et guerroient perpétuellement à
l'encontre l'un de l'autre et celle-ci de
celle-là. — A peine celui-ci a-t-il inventé

les paletots-sacs, que celui-là invente les
habits à queue de morue. — A peine la
première a-t-elle inventé les amadis ou
manches plates, que l'autre réinvente les
gigots ou manches larges;—si bien que
chaque mois il y a un caméléon et une caméléone détrônés, auxquels on jette la
boue et l'ironie au visage, et un caméléon
et une caméléone réintégrés qu'on encense
pendant trente-et-un jours. Ils habitent
chez nous, sur les bords du Styx, et passent
leur temps là bas à déchiqueter des bouts
de papiers qu'ils appellent *leurs patrons*, ce
qui nous fait beaucoup rire nous autres.

J'allais oublier de te parler du café de la
Régence, à jamais illustré par le premier
joueur d'échecs du monde connu des hommes. — Chacun sait comment Labour-
donnais gagna, tête retournée, le meil-
leur joueur de l'Angleterre, qui avait fait
exprès un voyage en France pour se me-
surer avec lui, et comment enfin il alla en
Angleterre et y fut entouré d'ovations fa-

buleuses. Vos journaux, vos revues, et tous vos écrivains en ont trop parlé pour que j'y insiste plus long-temps. — Poursuivons notre pélerinage.

CAFÉS DES BOULEVARTS.

Au quartier latin le café est une chrysalide, il commence à étendre les ailes au Palais-Royal; mais ce n'est qu'au boulevart qu'il développe large et beau le velours diapré de ses ailes; — là, il ne veut plus cacher aucun de ses charmes, il montre tout ce qu'il a, et tout ce qu'il a est merveilleux. — Comparer le café du boulevart au café du quartier latin, autant vaudrait comparer la noble dame de la Chaussée d'Antin à la pauvre ouvrière de la rue de la Harpe. — L'une est belle de diamans et de soie; l'autre n'a guère que ses dix-neuf ans et ses roses aux joues; celle-ci se demande le matin: à quoi passerai-je ma journée, la journée est si longue; celle-là se demande le soir : comment ai-je passé ma journée, la journée est si courte; — la première bâille souvent sur ses coussins de velours en roulant ses bagues autour de ses

phalanges; — la seconde ne s'ennuie jamais, gaie, vive, insouciante, un rien
l'égaie, un rien l'amuse, un rien la fait heureuse. — Tel est en somme l'aspect opposé des cafés de l'une et de l'autre rive :
les cafés des boulevarts respirent l'orgueil
et l'ennui : l'orgueil parce qu'ils s'asseyent
sur un trottoir d'asphalte et qu'ils n'ont qu'à
se mettre à leur fenêtre pour voir défiler
le boulevart; l'ennui, parce que là tout le
monde pose, s'observe, se copie, parce que
personne n'ose être tel qu'il a été créé et
mis au monde. — Cependant tous ces cafés
sont fort remarquables, et vous pouvez par-
courir la France sans trouver leurs pareils.
Tous sont beaux, élégans, radieux; aussi
faut il les nommer tous ou ne parler d'aucun. Toutefois nous n'en verrons que quel-
ques-uns :—Le café Véron'près du passage
des Panaramas est tout or; le café Fras-
cati est d'un délicieux orientalisme; le café
du Grand-Balcon est très-commode les jours
où l'on enterre ou déterre quelqu'un de vos

héros; le café Anglais se donne un grand genre d'outre Manche, la dame du comptoir s'étudie à parler de l'œsophage, et ses cheveux, malheureusement d'un très-beau noir, roulent en tire-bourchons sur sa gorge; le café Foy, au coin du boulevart et de la rue de la Chaussée-d'Antin, est d'une richesse écrasante ; bien qu'il soit terriblement exigu, cinq lustres d'or pendent au plafond qu'ils cachent presque entièrement ; la dame du comptoir semble une véritable Madone dans sa niche d'or, sous son dais éblouissant armorié d'un grand cadran d'horloge.

—Que vois-je? m'écriai-je; quels sont là-bas ces hommes enveloppés dans de grands manteaux, — cachés sous de vastes chapeaux à bords immenses, — à barbes longues dont le fer ou le peigne n'ont jamais outragé la sacro-sainte virginité.—Ils causent vivement entr'eux et à voix basse. — Quand un étranger s'approche de trop près, un silence de mort règne aussitôt…. leurs yeux flambloient... leur main saisit un vigoureux bâton. — Ciel et terre! que se passe-t-il donc? Est-ce un club de carbonari? que méditent-ils? quelque complot assurément, quelque intrigue....

—Eh! oui, parbleu, une intrigue de vaudeville.—As-tu donc oublié que le café Cardinal est le rendez-vous des littérateurs? — Voici Tortoni : Ah! ce n'est plus le brillant Tortoni tel que le poétique italien l'avait fait; antre funèbre des agens de change, des courtiers de commerce et autres dont je te fais grâce, c'est là que se vendent les actions de la Bourse, que s'ourdissent les calomnies du lendemain qui amèneront la hausse ou la baisse, c'est l'officine de l'argent et des fausses nouvelles, creuset impur où l'or se fait avec du fiel.

— Pourtant l'on m'a dit, mais je n'ai pas voulu le croire, que tel, tel et tel poète n'avait pas honte de mener là sa muse.... N'est-ce pas, mon cher, que nous ne sommes pas encore enfoncés si profondément dans le dix-neuvième siècle?

— Montaigne a dit : que sais-je? — Mais laissons cela; voici apparaitre le café de Paris, le café de Paris semblable à l'arche de Noé ou à vos omnibus. Nous aurions à en dire bien des choses, n'était le temps qui nous presse, et l'espace qui nous étrangle. C'est là qu'on peut étudier votre beau siècle dix-neuvième à son paroxisme de développement. C'est le rendez-vous de l'aristocratie sociale moderne. Ce n'est que là qu'on rencontre le lion dans toute sa formidable splendeur, ce n'est que là qu'il sait rugir comme il faut, et hérisser convenablement son poil. C'est là que se font ces paris énormes sans aucun respect pour les jambes des chevaux et les reins des jockeys. C'est là que les pauvres femmes sont mesurées comme le veut Labruyère, à la façon des anguilles.

Si l'on veut bien les croire, il n'y a plus dans tout Paris que des femmes séduites et que des maris trompés.

Le beau lion guette d'avance un jeune

rat qui n'ait pas encore été pris à la souri-
cière ; et tel agent de change calcule combien il a en coffre-fort de filles à acheter...
Mais en voilà assez ! Et par Satan ! notre
brave enfer, qu'on vous fait de si mauvais
lieu et de si mauvaise compagnie, au prix
de tout cela est un petit saint.

Chroniques et Types d'après nature.

I.

Trois lions à barbe magnifique étaient
assis d'un air mélancolique, leur tête baissée semblait se conformer à leur triste pen-

séo et leurs yeux se tournaient fréquemment vers la porte; la porte s'ouvre enfin
et un quatrième lion parut sur le seuil, admirablement rengorgé dans une cravate de
soie rouge et blanche, un lion à la crinière
noire.

— Hé bien? Hé bien, Arthur?... rugirent
en même temps trois voix passablement
rauques.

Echoué! rugit tristement Arthur.

A ce mot terrible pour tant de bipèdes,
il se fit un morne silence pendant lequel le
nouveau venu alla prendre sa place à table.

— Echoué! rugit enfin un grand lion
maigre, possesseur d'une barbe d'un roux
parfait; échoué!.... quatre lions échouer!..
et devant qui!...

— Devant un rat!

— Ridiculus mus!

— Un rat qui n'a pas le moindre amant!

— Et qui nous rejette tous!

— Et qui ose débuter!

— Il faut nous venger! — Comment? —

Un rat qui se permet d'avoir de la vertu?
— C'est fabuleux! — C'est monstrueux! —
C'est d'un exemple funeste. — Messieurs,
nous avons la loge infernale. — Bien dit.
— Il est près de huit heures.—A l'Opéra!
à l'Opéra!...

Et les quatre honnêtes lions sortirent
précipitamment du café. — Or, il y eut ce
soir là grande rumeur à l'Opéra, la loge infernale frémit de rugissemens et la jeune
débutante essuya la plus belle chute du
monde. — En revanche, une fort médiocre
chanteuse alla aux nues.... Son secret c'é-
tait d'avoir un amant-lion à la loge infernale, et les lions comme les loups, ne se
mangent pas entre eux.

II.

Un club de vieux lions, brèche dents, ra-
bougris et propriétaires illégitimes d'une
perruque jaune, comptent sur leurs griffes,
leurs antiques prouesses et roulent des
yeux d'envie et de haine sur tout ce qui

ose encore être jeune et beau quand ils ne
le sont plus. — Ceci, dit Asmodée en souriant, — c'est le Musée des antiques.

III.

Voici un très-honnête homme qui lit le
journal sesquipédal des Débats. Depuis
midi, il épluche, commente, dissèque, relit
tout depuis la date jusqu'aux sous-jupes
Oudinot. — Le café n'est abonné aux Débats
que pour lui seul, et personne ne peut se
flatter de les avoir lus, lui présent.

IV.

Celui-ci met un morceau de sucre dans
son café et les trois autres dans sa poche.
— Il a chez lui un coffret précieux qu'il ouvre tous les soirs en rentrant et referme
aussitôt, et dont il suspend craintivement
la clé à son cou. — Sa femme et ses enfans
sont bien intrigués. — Arrive la fête de la
bonne dame, le bienheureux coffret est ouvert enfin avec solennité. — Qu'est-ce ? —

Une prodigieuse quantité de morceaux de sucre plus ou moins assaisonnés de tabac, car le digne époux les mettait naïvement dans sa poche à côté de son mouchoir de coton.

V.

Cléante fait tout autrement : il demande le Constitutionnel, une carafe d'eau et un verre, — puis il tire de sa poche deux ou trois morceaux de sucre, — et se rafraîchit.

VI.

Ce brave homme demande le Constitutionnel; il est occupé. On lui donne le Siècle. Il n'a lu la première colonne qu'il est près de tomber en syncope. Il peste, il discute tout haut avec la bienheureuse feuille. Il redemande le Constitutionnel. Un garçon malicieux lui apporte le National. Il frémit d'indignation, repousse le journal anarchique avec une religieuse horreur et sort en jurant de ce coupe-gorge.

VII.

Cette vieille dame se fait apporter un verre d'eau sucrée, donne le sucre à son barbet et boit son eau pure.

VIII.

Contemplons ce digne provincial, orné de sa femme et enveloppé de ses œuvres complètes, — cinq filles et trois garçons; l'époux dévore sa glace, l'épouse relèche la sienne; les enfans les regardent faire les yeux ronds ouverts.

IX.

Cet autre a consommé sa demi-tasse et se dépêche de courir la payer au comptoir de peur de donner deux sous au garçon.

X.

Charles M*** et Alfred B***, sont deux écoliers de sixième au collégo royal de.... Ils viennent d'entrer au café d'Orléans. — Au moins, vont-ils prendre chacun un verre d'eau sucrée...[— Garçon! deux demi-tasses et rhum! Au moins vont-ils parler thème et version!... — Mon cher, dit Charles, en allongeant ses mollets sur un troisième tabouret, tu radotes ; l'équilibre européen tend à s'effacer de plus en plus ; d'un côté tout tourne au quiétisme, de l'autre à la dilatation... Je ne veux pour preuve que la question d'Orient. — Non pas, répond gravement Alfred, Machiavel parle de cela très longuement. L'action se perd, je l'accorde, mais l'activité reste : positive ou négative, qu'importe? Elle se meut bouillante et forte autour de sa sphère ; sa circonférence va toujours s'élargissant, et quand elle éclatera, l'ébranlement sera universel, le fini et l'infini, le particulier et le général, la durée et l'espace se heurteront du même choc....

Des enfans de seize ans! Terre et Christ! Quel profond langage! Heureux dix-neuvième siècle, quels hommes tu verras dans tes derniers jours!....

> Zon, zon, zon, zon, zon, zon, zon!
> Il n'est plus d'enfans au monde.
> Zon, zon, zon, zon, zon, zon, zon!
> Le fouet, petit polisson!

C'est Béranger qui chante cela, non pas moi. — Moi, j'aime ce qui est précoce.

LES CAFÉS LE MATIN.

Quand Paris s'éveille et que le Monstre commence à pousser ses hurlemens en agitant tous ses membres, les cafés ouvrent leurs volets, mais gardez-vous d'entrer. Tout est dans un désordre affreux : la dame du comptoir se frotte les yeux et bâille ; les chaises et tabourets escaladent les tables et se dressent en pyramides menaçantes ; — les garçons balaient, rient, courent, crient, se battent, tirent des armes avec la main, — et tout se perd, se confond dans l'atmosphère horrible d'une poussière fantastique.

C'est le sabbat des sorcières, c'est la nuit lugubre du Walpurgis, et, à moins d'avoir comme Faust, Méphistophélès pour guide, fuyez et ne vous hasardez point dans ce pandœmenium que nous n'osons vous peindre dans toute sa luxuriante vérité.

LE CAFÉ QUI SE RUINE.

Qu'y a-t-il de plus triste qu'un vieux mur qui croule par ordonnance de la police? une vieille fille qui attend un mari? un garde national qui monte la garde? un café qui la descend, c'est-à-dire qui se ruine.

Les rideaux, d'une mousseline impénétrable placardent traitreusement les vitres afin qu'aucun œil indiscret ne puisse faire l'état des lieux.

— Un morne silence règne dans l'intérieur.

— La dame du comptoir, semblable à la vierge des dernières amours, s'appuie lamentablement sur son coude et roule un œil fatal sur le marbre des tables silencieux et lugubre comme celui des tombeaux.

— Le maître du logis croise ses mains derrière son dos et, la tête baissée, fume sa pipe en se promenant en long et en large

dans son empire désert, où les Huns semblent avoir passé. — Ses yeux sont attachés
à la terre, — et le bruit de ses pas lentement
égaux résonne sourd et creux, comme sur
la dalle des catacombes ; — le seul garçon
qui reste, s'est endormi sur une table, tout
est muet

Sur le billard poudreux le temps dort immobile.

LE TYRAN DE CAFÉ.

Je n'essaierai pas d'expliquer par quelle
transition il arriva que le mot très-innocent
de tyran devint un mot terrible, sangui-

naire; cela regarde l'Académie et le biblio-
phile P. L. J. — Quant au tyran de café,
vous aurez l'obligeance de le ranger vous-
même dans la série qu'il vous plaira.

Le tyran de café est un homme de cinq
pieds six pouces, et porte des moustaches
de Pandour, équilibre admirablement son
chapeau sur l'oreille gauche, possède un
jonc brut d'une épaisseur désolante; une
cravate blanche et une redingote boutonnée
jusqu'à la gorge qui lui serre impiloyable-
ment la taille, achèvent son costume; sa
voix est profondément gutturale, sa phrase
brève, son verbe l'impératif; le tyran d'un
café en est le dieu tutélaire; si j'étais assez
irrévérencieux pour le penser, je dirais qu'il
en est le compère. C'est lui qui fait boire
la société, c'est lui qui l'égaie et par suite
l'attire, c'est lui qui fait casser les bouteilles, c'est lui qui organise la poule au
billard; c'est lui qui assigne son rang à chacun et qui décide irrévocablement, qu'il
l'ait vu ou non, si tel joueur a carambolé

nous avons dit qu'il l'ait vu ou non, non
pas que nous suspections en rien la probité
du tyran, mais c'est que le tyran n'a pas
besoin de voir, il lui suffit d'entendre, il
connaît mieux le son que rend chaque bille
que Vieux-Temps celui de ses quatre
cordes.

Le tyran règne par droit d'autorité morale et par droit d'autorité dynamique; il
parle parfaitement sa langue, non pas la
langue française, mais la langue d'estaminet
qui est un idiôme essentiellement à part, il
a eu pour le moins vingt duels, n'a jamais
été blessé et est perpétuellement disposé
à recommencer.

De l'idiôme en usage dans les Cafés.

❀

De tout temps on a dit bien du mal de votre pauvre langue française, et lord Byron lui-même n'a pas dédaigné de lui lancer son âpre ironie : aussi ne veux-je aucunement lui jeter ma pierre à mon tour. On lui a reproché d'être traînante, surabondante de mots, et de se cabrer à chaque pas au milieu d'une armée d'articles et de conjonctions; cela peut être vrai jusqu'à un certain point, mais absolument faux au café, où le langage tend incessamment à s'abrévier. Les substantifs y ont seuls droit de cité ; tout article, toute conjonction, tout verbe en est inexorablement proscrit; mais en revanche, ils'y fait une fabuleuse consommation du mot garçon : — Garçon, demi-tasse! — Garçon, absinthe! — Garçon, combien? — Garçon, carte!

Ah! si jamais les fiers enfans de Sparte

revenaient sur la terre, comme ils seraient
heureux dans les cafés de Paris! Auprès de
votre laconisme, le *veni*, *vidi*, *vici* de César
est une période à perte de vue.

MM. les députés, MM. les pairs de France,
MM. les académiciens, MM. les poètes, je
désirerais que vous allassiez plus souvent
au café, — vous y gagneriez, je vous jure,
— nous aussi, — et les cafetiers.

TABATIÈRE.

—

Du 12° O. au 62° E. de longitude, et du 35° au 71° N. de latitude, il y a un continent qui s'appelle l'Europe, dans l'Europe une contrée qui s'appelle la France, dans la France une province qui s'appelle la Lorraine, dans la Lorraine un département qui s'appelle la Meuse, dans la Meuse une ville qui s'appelle Verdun, à Verdun une place qui s'appelle la place Sainte-Croix, six choses que tout le monde n'est pas absolument obligé de savoir.—Or, sur la place Sainte-Croix, il y a un puits et dans ce puits, de beaux seigneurs, fous de jeunesse et de vin, firent une belle nuit ce qu'il y a de plus beau dans toute l'histoire ancienne et moderne..... un punch. — Un punch avec un puits large et profond pour bowl! — Ce devait être quelque chose de beau et de splendide à faire venir l'eau à la bouche à satan.

— La flamme bleue et pourpre montait fière et rayonnante au milieu de la nuit, comme une langue pour lécher les étoiles. — Le sceau du puits servait de cuiller et la folle compagnie but à la ronde jusqu'au matin, — où le diable l'emporta.

Il y a en Allemagne des pipes monstrueuses qui engloutissent une livre de knaster et d'après le post-témoignage de M. Th. Burelte, jamais fumeur, tant fumeur qu'il fût, n'en a pu avoir raison d'une seule fois. — Je passe sous silence la pipe de la tribu des Oyatopocks. — Et pour cause.

Il y a en Turquie des harems. — Il y a en France des omnibus de toute espèce et des verres, dits d'Hercule, capables d'une bouteille de Champagne. — Il y a des cervelles de députés capables d'enfanter jusqu'à cinq cents bêtises par minute; — des médecins de tuer toute une génération; — des femmes susceptibles de tromper une population de soixante mille âmes; — il y a des chevrettes d'Opéra, — je substitue

ce mot à celui de rat qui n'a pas le sens
commun,— capables de dévorer vingt hé-
ritages français ou anglais et le double de
petits pâtés chez Félix, — et le reste.

Et assurément ce sont là de grandes, de
vastes capacités, et tout cela est fort merveilleux; — mais je sais une chose, que
vous savez aussi, qui l'est encore plus.

Vous entrez dans un café de Paris : vous
avez oublié votre tabatière, — en suppo-
sant toutefois que vous ayez contracté une
habitude si.... si... le mot ne me vient pas.
— Immédiatement vous vous exclamez :
Garçon, une prise! — en frottant d'une manière expressive la phalangette du pouce
contre la phalangette de l'index.

Le garçon arrive plus ou moins vite, —
ployant sous le poids d'un énorme coffre,
dont après des efforts admirables il finit par
soulever le couvercle.

Vous tombez de vos six ou cinq pieds de
haut en voyant que c'est une tabatière. —
Vous pourriez y prendre une prise avec

vos deux genoux. — Néanmoins vous préférez la prendre avec vos doigts, et le garçon réemporte son arche d'alliance sur le
comptoir.

Je parie ma vie dans tous les mondes
possibles, que vous ne me trouvez pas dans
tout Paris, une seule chose qui soit le quart
aussi primitive, naïve, antique.... — Je re-
tire toutefois l'Académie du jeu.

De la Gloire en général et du Gloria en particulier.

—

In sul mio primo giovenile errore,
Quand' era in parte altr' uom da quel ch' i' sono,

Comme dit Pétrarque, j'eus aussi mes
idées de gloire et mes quarts d'heure d'am-
bition; — il n'y avait place où je ne vou-
lusse graver mes nom et prénoms , — au
dossier mal doré d'un trône ou aux flancs
d'une machine à vapeur; — à quelque qua-
rantième fauteuil académique ou au *socle*
de ma lyre; — au fronton d'un temple quel-
conque ou au bas d'un feuilleton du *Siècle*;
— dans le sang et sur la chair des Bédouins,
ou sur les lèvres roses d'une jolie femme...
Ce fut une maladie sérieuse, — cela m'avait
pris entre un mal de dents et une crampe
d'estomac. — Mais toutes ces idées ont
passé, et venant alors à m'interroger suivant la recette de Réné Descartes, je me
suis convaincu que tout en moi était passé,
— fors la soif.

Et paraphrasant Coheleth, ben David. —
En français : ecclésiastes, fils de David, je
fis les réflexions suivantes :

Quel fruit l'homme retire-t-il de tout le
travail qu'il accomplit sous le soleil ? — La
soif.

Une génération décampe, une autre lui
succède; — la soif demeure toujours la
même.

Tous les fleuves se jettent dans la mer et
la mer ne déborde pas; — l'homme ingurgite, dégurgite, ingurgite, dégurgite et ainsi
de suite.

Les nations passent, le temps passe, les
religions passent, les rois passent, les sai-
sons passent, la vertu passe, la gloire passe,
l'amitié passe, les femmes *passent*, l'amour
passe, la faim elle-même passe, — témoin
la fièvre, la gastro-antérite, etc. — Tout
passe, la soif seule ne passe jamais.

D'où je conclus que la soif est seule quelque chose sous le soleil; et que celui qui
est sage doit boire.

Si les générations passent, plaçons sur la table une génération de bouteilles, — si le soleil se couche, allumons la flamme bleue du punch, — si le femmes passent, que le Champagne pétille. — Et quand tout sera passé, terres, soleils, générations au grand jour du jugement, que le dernier de nous qui restera debout, croise la langue au travers du chemin et crie à la soif : on ne passe pas !

O soif qui ne passe jamais, — autre espèce de Phénix qui te noies pour renaître, — combien je t'admire, toi, immuable et inamovible au milieu de tant de choses caduques qui sont sous le soleil; — combien tu vaux mieux que toutes les GLOIRES de ce monde ! — Qu'est-ce que c'est que la gloire ? — Avoir de la gloire c'est mettre son nom en gage au Mont-de-Piété de la postérité, — c'est laisser son histoire écrite en une certaine langue, pour être traduite par des bambins de collége, — commentée par un maître d'études ou par un professcur goutteux. — La gloire est un goujon que les sots veulent prendre à la ligne. — Aussi j'abjure toutes les gloires, hormis une seule, qui est le gloria:— Le gloria, emblême fini du punch infini qui rayonne et flamboie comme lui, fait le café plus chaud, et se mêlant au sang, porte dans les nerfs une exaltation pleine de mysticisme et de sublime volupté.

LE CAFÉ.

—

Rimes en ÈRE, sur n'importe quel air.

————❖————

Arrière le nectar, arrière
Le fameux népenthe d'Homère;
Arrière la sauvage bière
Dont le Germain se désaltère ;
Montrachet, Sauterne, Madère,
Vins fins, vins frelatés, arrière,
Près du café vous n'êtes guère
Bons qu'à nouer sa jarretière !

Le vin du front fait un cratère
Où le chaos sombre s'opère,
Son feu qu'étouffe la poussière
Sourdement fait battre l'artère,
Et sa vertu soporifère
Renchaînant l'homme à la matière,
Fait toute idée octogénaire,
Et tout penser funiculaire.

Le café, poison tutélaire,
Pareil à l'eau du baptistère,
Rapidement nous régénère;
En nous toute chose est légère,
Chaque idée à l'idée adhère,
L'horison plus large s'éclaire
Et notre âme, d'une aile fière,
Libre s'envole de la terre.

Le café — Muse plus sincère —
Du rimeur qui se désespère
Devient la mère nourricière;
Des poètes la troupes entière
Du vin déserte la bannière,
Hippocren coule solitaire
Et l'humanité se resserre
A l'entour de la cafetière.

Par le café l'esprit s'éclaire
Et n'a plus l'ivresse grossière
Où le vin le plongeait naguère.
C'est le café qui fit Voltaire.
O femmes! il vous régénère
Et vous convie à la lumière ;
Enfin, c'est lui seul qui sut faire
L'hermaphrodite littéraire.

CALOMNIES ET BÊTISES.

———◦❀◦———

Ne pas parler *du café* en parlant des cafés, nous avait paru chose aussi monstrueuse à nous, qu'à un fileur d'idyles ou d'élégies de ne point parler du soleil ou de la lune. — Le café est l'âme, l'esprit du monde comme le soleil en est la lampe et le calorifère naturels. — Mais hélas! faut-il rappeler ici tout ce que cette divine substance pleine d'insubstantialité et d'idéalisme eut à souffrir de la bêtise des hommes? — Comme tout prophète nouveau, le café eut sa croix à porter, mais aussi, comme toute chose vraie, il finit par triompher et terrassa glorieusement l'injure et la calomnie. O café, la rougeur m'en monte au visage! Un Hoffman, un vieux médecin, — le même qui échoua si sottement contre cette autre religion nouvelle, le tabac, — Hoffman, maître Hoffman, le docteur Hoffman, a osé prétendre, et cela non pas verbalement, mais par écrit, par écrit imprimé, — que le café.... *Cafœum maribus procreandi facultatem auferre!*.. O honte! ô stupidité médicale, comme je vous refuterais victorieusement si ce terrain n'était trop glissant pour ma chaste plume. — On m'a bien dit que, — le latin dans les mots bravait l'honnêteté, — mais pour cela il faudrait savoir le latin. — Est-ce là tout? Non, Malebranche.... Quoi, vous aussi, révérend père Malebranche?... Oh! que Voltaire vous a bien qualifié quand il a dit de vous :

Lui qui voit tout en Dieu n'y voit pas qu'il est fou.

Hélas! pauvre homme, pauvre spiritualiste, sans doute il avait — vu aussi en Dieu qu'il fallait administrer, administrer le café en.... clystère! — Digne émule des Diafoirus, il l'a dit : et la France n'est pas partie d'un éclat de rire de 26,740 lieues carrées, quand, avec sa gravité ordinaire, il vint effrontément proposer son admirable découverte?... Tenez, révérend père, laissons toutes choses à leur place, vous dans votre

cellule, le café dans notre estomac; —
quant à vos idées ne faites pas à Dieu la
honte d'en être l'auteur.

Nous autres hommes de l'Europe, et,
dans l'Europe, de la France, et dans la
France, de Paris, nous possédons plein et
entier le monopole de la bétise au suprême
degré; voyez les Orientaux ! — ils ne se
creusent pas la cervelle pour trouver si ce
qui est bon à l'estomac n'est pas bon à autre chose encore; — contens de la délicieuse ivresse dont le céleste *Cahué* inonde
leurs sens, ils cherchent le mortel prédes-
tiné qui l'a découvert; — ce n'était qu'un
pauvre Mollach, appelé Chadely; ils en font
un saint, un dieu et brûlent devant ses
images leur parfum le plus précieux! —
Ah ! Messieurs d'Europe, qui êtes si fiers
de votre prétendue supériorité, allez à l'é-
cole chez les barbares d'Arabie. — Pour
mériter vos suffrages, il faut nuire; chez
eux, il faut être utile.— Chez vous il n'y a
de grand et de beau que celui qui tue, ou

celui qui se fait tuer à quelque coin de rue sans savoir pourquoi; voilà vos héros de n'importe quel mois, et cependant vous ignorez même jusqu'aux noms de Jean Nicot et de Chadoly, le Mollach d'Eden. —

AVIS IMPORTANT.

Êtres doués d'intelligence, d'activité, et de sensibilité, qui avez daigné nous suivre dans ce pélerinage plus long, plus fatigant que ceux d'Ulysse et de Child Harold réunis, si jamais, par reconnaissance, il vous prenait fantaisie de nous ensevelir à l'Académie, nous vous avertissons en finissant que, comme M. Théodose Burette, avec une crainte aussi fondée, mais plus de politesse, nous sommes irrévocablement décidés à ne jamais mettre les pieds dans cette salle antique

Où depuis deux cents ans par d'immuables lois
Dans quarante fauteuils dorment quarante rois.

Nous ne voulons pas non plus de la croix; seulement nous acceptons volontiers d'être entrenus gratis pendant toute notre vie de demi-tasses par les honorables cafetiers dont nous avons chanté et illustré les domaines. Nous ne le demandons pas, nous

sommes trop modestes, trop retenus pour
le demander, mais si on nous forçait, si on
nous faisait bien violence.... qui sait? Peut-
être nous laisserions-nous fléchir. En tout
cas, de peur que quelque usurpateur n'abuse
de nos droits, nous donnons ci-joint le por-
trait de ceux qui ont collaboré selon leur
plume et leur crayon à cette œuvre méri-
toire et laborieuse. Amen.

TABLE DES MATIÈRES.

EXTRAIT DU CATALOGUE

DE LA LIBRAIRIE

DE DESLOGES, ÉDITEUR.

LA PHYSIOLOGIE DU VIN DE CHAMPAGNE,
par deux buveurs d'eau, illustrations
d'Elmerich et Rouget. 1 vol. 1 fr.

PHYSIOLOGIE DU PARAPLUIE, illustrations
de Chaudesaigues et Faxardo. 1 v. 1 fr.

PHYSIOLOGIE DES QUARTIERS DE PARIS,
par Léon (d'Amboise), illustrations par
Henry Emi. 1 vol. 1 fr.

PHYSIOLOGIE DU CURÉ DE CAMPAGNE, par
Léon (d'Amboise), avec illustrations.
1 vol. 1 fr.

PHYSIOLOGIE DU PARTERRE, par Léon
(d'Amboise), illustrations par Henry
Emy. 1 vol. 1 fr.

PHYSIOLOGIE DU POËTE —
Le poëte Olympien, Lamartinien, Touriste,

Incompris, d'Opéra-Comique, de Salon, Hurleur, Rébusien, Cavalier, Humanitaire, Dy-
nastique, Chansonnier, la dixième Muse, etc.,
etc., etc.

1 vol. in-32 illustré.   1 fr.

PHYSIOLOGIE DE LA TOILETTE et de la
Tournure, en 56 chapitres, illustrations
d'Emy, 1 vol.   1 fr.

PHYSIOLOGIE DU CHANT, par Stéphen de la
Madeleine, ex-récitant de la chapelle
royale et à la musique particulière du
roi. 1 fort vol. grand in-18, orné du por-
trait de l'auteur.   2 fr. 50 c.

BIOGRAPHIE POPULAIRE DE L'OUVRIER MU-
LOT, auteur des travaux du puits de Gre-
nelle, contenant l'histoire théorique et
pratique de toutes ses découvertes, par
M. Louis Lurine. 1 vol.   50 c.

MÉMOIRES D'UN CHIEN, suivis de l'Obole
de la Veuve, ornés de 4 belles lithogra-
phies, dédiés à l'adolescence, par Stéphen de la Madeleine. 1 vol. grand in-
18.   2 fr. 50 c.

www.ingramcontent.com/pod-product-compliance
Lightning Source LLC
Chambersburg PA
CBHW051715090426
42738CB00010B/1925